DIE WEHRFÄHIGKEIT ZWEIER GENERATIONEN

MIT RÜCKSICHT AUF HERKUNFT UND BERUF

VON

DR. WALTER ABELSDORFF
WISSENSCHAFTLICHEM HILFSARBEITER AM STATISTISCHEN AMT
ZU MANNHEIM

BERLIN
DRUCK UND VERLAG VON GEORG REIMER
1905.

HERRN

PROFESSOR DR. MAX SERING

IN VEREHRUNG

ZUGEEIGNET.

Inhaltsverzeichnis.

Seite

Zur Einführung: Entstehung der Arbeit; Haupt- und Hilfsfragebogen; Die von der Statistik erfaßten Landesteile und Städte; Ausgegebene und ausgefüllte Bogenzahl; Kritik der Beantwortung der Fragen; Selbstkritik der Fragestellung; Art der Erhebungen .... 1—6

I. Stand der Literatur über die Frage der Wehrfähigkeit zu Beginn des 20. Jahrhunderts 7

1. Die Untersuchungen von Rudolf Elben über die Militärtauglichkeit .... 8—12

2. Die Bedeutung der ländlichen Bevölkerung für die Wehrkraft des Deutschen Reiches nach den von dem Herrn Reichskanzler angeordneten Erhebungen und Prof. Serings Referat .... 13—15

II. Zur Charakterisierung der von der Statistik erfaßten Landesteile und Städte .... 15—21

III. Herkunfts- (Geburts-) und Aufenthaltsort .... 21—34

1. a) Die Herkunft der Väter der Arbeiter .... 23 u. 24

b) Die Herkunft der Arbeiter selbst .... 25—28

2. Hauptsächlichster Aufenthaltsort bis zum Eintritt in die Erwerbstätigkeit .. 28—34

a) der Väter der Arbeiter .... 28—34

b) der Arbeiter selbst .... 28—34

Vergleich zwischen Gebürtigkeit und Aufenthaltsort beider Generationen 32 u. 33

IV. Die Wehrfähigkeit zweier Generationen nach Herkunft derselben 34—44

1. Die Wehrfähigkeit der Väter der Arbeiter .... 36—40

2. Die Wehrfähigkeit der Arbeiter selbst .... 40—43

V. Berufsarten und soziales Milieu beider Generationen .... 44—55

1. Berufsarten der Väter der Arbeiter .... 44—46

2. Berufsarten der Arbeiter selbst; einiges zur Charakterisierung: a) der Tapezierer, b) der Metallarbeiter, c) der Buchdrucker .... 47—53

Pädagogische Prüfungsergebnisse der Schweizer Rekruten im Jahre 1902 .. 53—55

VI. Die Wehrfähigkeit zweier Generationen nach dem Beruf derselben 55—64

1. Die Wehrfähigkeit der Väter der Arbeiter .... 55—58

2. Die Wehrfähigkeit der Arbeiter selbst .... 58—64

Vergleich mit der Schweizer Rekrutenstatistik von 1891 .... 58—64

Vergleich der militärischen Brauchbarkeit beider Generationen .... 58—64

VII. Die Wehrfähigkeit zweier Generationen während eines Zeitraumes von etwa 40 Jahren .... 65—67

VIII. Die Vorzüge der ländlichen Lebensweise für Industriearbeiter .. 68—71

Die Ergebnisse der ärztlichen Rekrutenuntersuchungen von 1884—1891 nach Bezirken des letzten Primarschulbesuches .... 68 u. 69

Vergleich der Sterblichkeit landwirtschaftlicher und gewerblicher Bevölkerungsgruppen in der Schweiz 70

IX. Ergebnis der Untersuchungen, Folgerungen, Ausblick .... 71—76

Tabellenverzeichnis.

Seite

Hauptfragebogen A 2

Hilfsfragebogen B 5

Tabelle 1 Zahl der verteilten und zurückgesandten Fragebogen 3

„ 2 Die Militärtauglichkeit in den Württembergischen Oberämtern 9

„ 3a Fünf Württembergische Städte unter 10000 Einwohner 10

„ 3b Die zwölf Württembergischen Städte mit über 10000 Einwohnern von 1867-1890 11

„ 4 Gebürtigkeit der Arbeiter im Verhältnis zum Beschäftigungsort 16

„ 5 Gebürtigkeit der Väter der Arbeiter im Verhältnis zum Geburtsort des Arbeiters selbst (mit Rücksicht auf die engere Heimat) 16

„ 6 Altersgliederung der Arbeiter in Nordwestdeutschland und Sachsen 19

„ 7 Ortsanwesende Bevölkerung in den untersuchten Landesteilen und Städten .. 18

„ 8 Berufs- und Grundbesitzverteilung in den untersuchten Landesteilen und Städten im Jahre 1882 20

„ 9 Der Nebenerwerb in den einzelnen Landesteilen und Städten 20

„ 10a Gebürtigkeit der Väter der Arbeiter nach drei Ortsgrößenklassen 23

„ 10b Gebürtigkeit der Väter der Berliner Arbeiter nach fünf Ortsgrößenklassen 23

„ 11a Gebürtigkeit der Arbeiter nach drei Ortsgrößenklassen 25

„ 11b Gebürtigkeit der Berliner Arbeiter nach fünf Ortsgrößenklassen 25

„ 12a Hauptsächlichster Aufenthalt der Väter der Berliner Metallarbeiter und Buchdrucker bis zum Eintritt in die Erwerbstätigkeit .... 31 u. 32

„ 12b Hauptsächlichster Aufenthalt der Berliner Metallarbeiter und Buchdrucker bis zum Eintritt in die Erwerbstätigkeit .... 31 u. 32

„ 13 Die Wehrfähigkeit der Väter der Arbeiter nach Herkunft derselben 38

„ 14 Die Wehrfähigkeit der Väter der Berliner Arbeiter nach Herkunft derselben 39

„ 15 Die Wehrfähigkeit der Arbeiter nach Herkunft derselben 38

„ 16 Die Wehrfähigkeit der Berliner Arbeiter nach Herkunft derselben 42

„ 17a Beruf der Väter der Arbeiter in den einzelnen Gebieten 45

„ 17b Beruf der Väter der Berliner Arbeiter 45

„ 18 Beruf der Väter deutscher Buchdrucker im Vergleich mit denjenigen der Väter der Tapezierer, Buchdrucker und Metallarbeiter in % 46

„ 19a Jahresarbeitsverdienst Berliner gewerblicher Arbeiter 51

„ 19b Lohnverhältnisse in der Berliner Metallindustrie 52

„ 20 Die hauptsächlichsten pädagogischen Prüfungsergebnisse in der Schweiz, vom Herbst 1902 nach Berufsarten 54

„ 21 Die Wehrfähigkeit der Väter der Arbeiter nach Beruf und Herkunft 56

„ 22 Die allgemeinen Verhältnisse der Diensttauglichkeit bei den im Herbst 1891 untersuchten Schweizer Rekruten nach dem Beruf der letzteren 61

„ 23 Aushebungsergebnisse in Deutschland von 1873—1901 62

„ 24 Die Wehrfähigkeit der Väter der Arbeiter nach Altersklassen der Söhne in % 65

„ 25 Die Wehrfähigkeit der Arbeiter selbst nach Altersklassen derselben 66

„ 26 Die Ergebnisse der ärztlichen Rekrutenuntersuchungen in der Schweiz von 1884—1891 nach Bezirken des letzten Primarschulbesuchs 68

„ 27 Die Sterblichkeit landwirtschaftlicher und gewerblicher Bevölkerungsgruppen in der Schweiz 1879—1890 69

Wenn man der Wahrheit Eingang verschaffen will, muß man vor allen Dingen ruhig bleiben und sich eines versöhnenden Tones bedienen.
General Herrmann von Boyen.

Zur Einführung.

Die erste Anregung zu dieser sozialstatistischen Studie reicht in die Zeit meiner Tätigkeit als hamburgischer Gewerbeaufsichtsbeamter zurück.

Gelegentlich der vom Herrn Reichskanzler im Jahre 1902 angeordneten Erhebungen über die Lage der in Kellerwerkstätten beschäftigten Tapezierer und Polsterer wurde ich während einer dienstlichen Besprechung mit dem Vorstand der Zentral-Kranken- und Sterbekasse der Tapezierer und verwandten Berufsgenossen Deutschlands durch diesen aufgefordert, die staatliche Enquête durch eine Statistik über die soziale Lage der im Tapeziergewerbe überhaupt beschäftigten Arbeiter zu vervollständigen.

Bei Ausarbeitung eines Fragebogens lag der Gedanke nahe, durch Einschaltung der Fragen, ob der Arbeiter sowie dessen Vater Soldat waren, 1. Aufschluß über die körperliche Beschaffenheit der in einem bestimmten Berufe Tätigen zu erhalten und dadurch vielleicht einen neuen physischen Wertmesser zu gewinnen, 2. aber vor allem Schlußfolgerungen hinsichtlich der Berufswahl einer Arbeiterklasse zuzulassen.

Das Interesse, welches Herr Professor Dr. Sering gerade dieser Seite meiner Studien während meiner erneuten Mitgliedschaft in seinem Seminar — Sommer 1903 — entgegenbrachte, bestimmte mich dazu, den Teil meiner Arbeit, über die Wehrfähigkeit zweier Generationen, herauszuschälen, auszubauen und seiner unverkennbaren Einseitigkeit möglichst zu berauben. Ich durfte um so eher frohen Mutes an diesen immerhin problematischen Versuch herantreten, als die Vorbedingungen zu einem Resultate durch einige der Fragen gegeben zu sein schienen. Ließen doch gleich die ersten vier ein erfolgreiches Eindringen in das soziale Milieu des Arbeiters zu (vergl. Fragebogen A): Herkunft und Beruf des Vaters sowie des Befragten selbst waren bekannt, auch die Löhne konnten neben den Wohnungs- und Familienverhältnissen ergänzend herangezogen werden. So erübrigte nur, aus dem engen

Rahmen eines nicht einmal zahlreich besetzten Handwerks[1]) herauszutreten und industrielle Qualitätsarbeiter heterogener Gewerbe vergleichsweise heranzuziehen, welche sich entweder durch anerkannte körperliche oder geistige Eigenschaften auszeichnen. Mein Bestreben mußte es ferner sein, Material aus möglichst geschlossenen Wirtschaftsgebieten und vor allem überwiegend aus Industriezentren zu erlangen. Tabelle I zeigt, daß meine Bemühungen nicht erfolglos zu nennen sind.

Fragebogen A.

Ort: .... Name: ....

1. Alter und Stellung des Arbeiters: ....
2. Geburtsort des Arbeiters (genaue Angabe der Provinz): ....
3. Beruf resp. Stellung des Vaters des Arbeiters (auch wenn derselbe bereits gestorben):
4. Geburtsort des Vaters des Arbeiters (genaue Angabe der Provinz): ....
5. Familienstand des Arbeiters (verheiratet, verwitwet, ledig): ....
6. Alter und früherer Beruf der Frau des Arbeiters (auch wenn dieselbe bereits gestorben):
7. Geburtsort der Frau des Arbeiters (genaue Angabe der Provinz): ....
8. Wie alt waren Sie, als Sie heirateten? ....
9. Wie alt war Ihre Frau, als Sie heirateten? ....
10. Zahl und Alter der lebenden Kinder: ....
    a) männlich: ....
    b) weiblich: ....
11. Zahl der totgeborenen und Alter der gestorbenen Kinder: ....
    a) männlich: ....
    b) weiblich: ....
12. a) Beruf resp. voraussichtlicher Beruf der Kinder: ....
    b) Aufenthaltsort der schon in Stellung befindlichen Kinder (genaue Angabe der Provinz): ....
13. Seit wann ist der Arbeiter am Orte der Tätigkeit beschäftigt? ....
14. a) An wieviel Orten war der Arbeiter 1901 tätig? ....
    b) In wieviel Stellungen war der Arbeiter 1901 tätig? ....
15. Durchschnittlicher Wochenverdienst des Arbeiters 1901 (bei voller Arbeitszeit);
16. Durchschnittlicher Wochenverdienst seiner Frau und Art desselben: ....
17. War der Arbeiter Soldat? ....
18. War der Vater des Arbeiters Soldat? ....
19. Zahl und Lage der bewohnten Räume mit Einschluß der Küche: ....
20. Zahl und Lage der von dem Gefragten abvermieteten Räume: ....
21. Monatspreis der Wohnung bezw. Stube mit Kaffee (letzteres bei den Ledigen): ....
22. Monatseinnahmen durch abvermietete Stuben: ....
23. Sonstige Nebeneinnahmen event. durch die Kinder: ....
24. a) An wieviel Tagen waren Sie im vergangenen Jahre (1901) krank? ....
    b) an welchen Krankheiten haben Sie gelitten? ....

Eventuelle Bemerkungen zu Fragen 1—24: ....

Die Kleinmeister, Gesellen und Lehrlinge werden um genaue Angaben und deutliche Schrift mit Tinte dringend gebeten.

---

[1]) 1895 wurden 9671 selbständige Tapezierer 3239 = 50,4% mehr als 1882 gezählt.

Tabelle 1.

Die von den Organisationen verteilten und zurückerhaltenen Fragebogen

1. Nordwestdeutschland.
Beruf der Arbeiter: Tapezierer.

	Es wurden verteilt	zurückgegeben abs. Z.	%
In Hamburg	ca. 500 Bogen	339	67,8
„ Altona	„ 80 „	51	63,8
„ Bremen	„ 120 „	24	20,0
„ Lübeck	„ 40 „	37	92,5
„ Rostock	„ 40 „	31	77,5
„ Hannover	„ 150 „	46	30,7
Summa	etwa 930 Bogen	528	56,8 %

2. Sachsen (Königreich und Provinz).
Beruf der Arbeiter: Tapezierer.

	Es wurden verteilt	zurückgegeben abs. Z.	%
In Dresden	ca. 380 Bogen	299	78,7
„ Leipzig	„ 380 „	130	34,2
„ Magdeburg	„ 150(?) „	108	72,0
Summa	ca. 910 Bogen	537	59,0

3. Berlin.

Beruf der Arbeiter:	Es wurden verteilt	zurückgegeben abs. Z.	%
Tapezierer	ca. 1800 Bogen	257	14,8
Metallarbeiter	„ 1200 „	178	14,3
Buchdrucker	„ 1400 „	539	38,5
Summa	4400 Bogen	974	22,1 %

Ohne an dieser Stelle auf die typischen Berufs- und Grundbesitzverhältnisse der von der Statistik erfaßten Gegenden einzugehen, sei mir gestattet, der Abkürzung wegen die allerdings inkorrekten Benennungen „Nordwestdeutschland“ für Hamburg-Altona, Lübeck, Bremen, Rostock, Hannover, und „Sachsen“ für Dresden, Leipzig, Magdeburg einzuführen. Dem Material aus der Reichshauptstadt wurde sein einseitiges Gewand durch spezielle Erhebungen im Metall- und Buchdruckergewerbe genommen. — Leider sind von den an die Berliner Metallarbeiter ausgegebenen 1200 Fragebogen relativ wenige zurückgekommen; dies ist um so bedauerlicher, als gerade diese Erwerbstätigkeit im Gegensatz zu dem mehr Geschick und Geschmack bedingenden Tapeziergewerbe eine erhebliche Körperkraft voraussetzt. — Die Buchdrucker wurden gewählt, weil die vorzügliche Organisation dieser geistig hochstehenden Berufsklasse ein Fiasko der Enquête fast ausgeschlossen erscheinen ließ, nachdem der Vorstand der Gewerkschaft seine Bereitwilligkeit zum Verteilen und Einziehen der Fragebogen erklärt hatte.

Die Erhebungen im Tapeziergewerbe, d. h. die einleitende Korrespondenz mit den Gauvorstehern, das Verschicken der Bogen an diese und die Vertrauensleute hatte der Vorstand der Zentralkrankenkasse nach vorhergehender Ankündigung durch ein Zirkular[1]) in dankenswerter Weise selbst übernommen. — Der Versuch, für ein zusammenhängendes süddeutsches Wirtschaftsgebiet ausreichendes Material zu erhalten, mußte aufgegeben werden.[2])

Wie stellt sich nun die Bilanz der ausgeteilten und beantworteten Fragebogen? — Die Untersuchungen hätten sich auf Nordwestdeutschland und Sachsen beschränken müssen, wenn für Berlin nicht die Erhebungen im Buchdruckergewerbe das „Soll und Haben“ der Enquête zugunsten der letzteren erheblich verschoben und somit erfolgreich gestaltet hätten.

Das Tempo des Berliner Lebens, die großen Entfernungen daselbst, sowie die starke Inanspruchnahme der Gewerkschaften in eigenen Angelegenheiten mögen hier an dem ungünstigen Resultat vor allem schuldsein; Interesselosigkeit, Mißtrauen gegen jedwede private Statistik und z. T. lokal wirkende, interne Differenzen gesellen sich hinzu.

Ein Wort der Selbstkritik zu den Fragestellungen:

Die Fragen des Hauptbogens A lehnen sich eng an den s. Zt. von

---

[1]) Hamburg, August 1902. Werter Kollege! Jeder Berufsgenosse, der es ernst mit seinem Beruf meint, hat auch ein außerordentliches Interesse, die sozialen Verhältnisse seines Berufes kennen zu lernen. Es sind zwar schon viele Versuche gemacht worden, für bestimmte Zwecke eine Statistik in unserem Berufe aufzustellen, jedoch nicht, um ein gesamtes Bild unseres Berufes darzustellen. Vor allen Dingen fehlte auch hierzu die sachkundige Hand, um das Material zu bearbeiten. Ein akademisch gebildeter Mann, der auf dem Gebiete des Gewerbes und der Industrie durch seine Stellung reiche Erfahrungen gesammelt, hat sich erboten, sofern wir demselben die nötigen Unterlagen schaffen, diese Arbeit nach streng wissenschaftlicher Methode zu machen. Wir bitten Sie, uns bei dieser Arbeit behülflich zu sein, indem Sie unseren Kollegen, die sich bei Ihnen vorbemühen, auf die notwendigen Fragen ausführliche Antwort geben. Jeder der Umfragenden hat sein Ehrenwort gegeben, strengste Diskretion betreffs der Auskünfte zu üben, deswegen bitten wir alle Befragten, außer Sorge zu sein. Sollte doch noch irgend ein Kollege Bedenken tragen, die vollen Angaben zu machen, so kann der Name des Befragten oben am Blatte fortbleiben. Wir hoffen, daß Sie nicht allein bereitwilligst die notwendige Auskunft geben, sondern auch möglichst mithelfen werden, damit wir ein vollständiges Bild unseres Gewerbes bekommen. Mit kollegialischem Gruß!

[2]) Die ca. 240 eingelaufenen Bogen aus Süddeutschland verteilen sich auf neun Städte: Cöln, Frankfurt a. M., Straßburg i. E., München, Ulm, Stuttgart, Heilbronn, Cannstatt und Göppingen. — Für eine monographische Wohnungsstatistik ist der Wert dieser Bogen immerhin nicht unbedeutend.

mir für das polygraphische Gewerbe[1]) entworfenen an; neu hinzugetreten ist zur Ergänzung eines sozialen Gemäldes die Wohnungsstatistik.

Der für diese Arbeit über die Wehrfähigkeit nachträglich ausgegebene Hilfsfragebogen B enthält wesentliche Mängel:

Fragebogen B.

Ort: Berlin. Name: Ausfüllen unnötig.

1. Alter und Beruf des Arbeiters: ....
2. Geburtsort*) des Arbeiters (mit genauer Angabe der Provinz): ....
3. Beruf resp. Stellung des Vaters des Arbeiters (auch wenn derselbe bereits gestorben):
4. Geburtsort*) des Vaters des Arbeiters mit genauer Angabe der Provinz): ....
5. Hauptsächlichster Aufenthaltsort des Vaters des Arbeiters bis zum Eintritt der Erwerbstätigkeit (Stadt oder Land, ungefähr wie lange): ....
6. Hauptsächlichster Aufenthaltsort des Arbeiters bis zum Eintritt der Erwerbstätigkeit (Stadt oder Land, ungefähr wie lange): ....

Hauptfragen.
7. War der Arbeiter Soldat: ....
   Wo (Land resp. Provinz): ....
8. War der Vater des Arbeiters Soldat: ....
   Wo (Land resp. Provinz): ....

Eventuelle Bemerkungen zu Fragen 1—8: ....

*) Wenn möglich: Ungefähre Angabe der Einwohnerzahl des Geburtsortes.

Es wird um genaue Angaben und deutliche Schrift mit Tinte dringend gebeten.

Nur für Setzer und Drucker vom 23. Jahre ab auszufüllen.

Die Fragen 5 und 6 sind häufig — wie noch andernorts gezeigt werden wird — mißdeutet worden. Korrekter hätte gefragt werden müssen: „Hauptsächlichster Aufenthalt des Vaters des Arbeiters bezw. des Arbeiters selbst während der Schul- und Lehrzeit?“ Die beiden Unterfragen bei 7 und 8 hätten nutzbringender die Angabe der betreffenden Dienstjahre gefordert, um eine genaue Statistik der Dienstableistungszeit für beide Generationen zu ermöglichen, die unter gegebenen Verhältnissen auf Genauigkeit keinen Anspruch erheben kann.

Bei der Mehrzahl des militärischen Rohmaterials wird die eventuelle Wehrfähigkeit bis zum 22. Lebensjahre durch das Ersatzgeschäft[2]) entschieden. Es erscheint also unbedenklich, Gestellungspflichtige, welche das 23. Lebensjahr erreicht haben, in die Erhebungen einzubeziehen.[3])

---

[1]) Vergl. W. Abelsdorff, Beiträge zur Sozialstatistik der deutschen Buchdrucker J. C. B. Mohr, 1900, S. XII.

[2]) Vergl. Stat. Jahrb. f. d. Deutsche Reich 2., 4., 9., 12., 18. und 23. Jahrgang, auch Carl Michael, Herzog von Mecklenburg-Strelitz, Die Statistik des Militär-Ersatzgeschäftes im Deutschen Reiche. Leipzig 1887, S. 74—93.

[3]) Bei den Metallarbeitern, welche zuerst den Hilfsfragebogen erhielten, war empfohlen worden, nur Arbeiter vom 25. Lebensjahre an den Bogen ausfüllen zu lassen.

Bei den Tapezierern mußten die besonders von Nordwestdeutschland und Sachsen zahlreich eingelaufenen Bogen minderjähriger Personen, soweit keine definitive Entscheidung erfolgt war, für diese Arbeit ausgeschieden werden.

Die kontinuierlich wachsende magnetische Kraft unserer deutschen Großstädte in ihrer Bedeutung für die Frage der Wehrfähigkeit vornehmlich unserer industriellen, ebenfalls stets zunehmenden Bevölkerung ist noch wenig erforscht worden.

Ich betrete mit dem Versuch einer Beantwortung dieser Frage heißen Boden sozialstatistischen Neulandes und darf wohl auf die in diesem Falle übliche wohlwollende Objektivität rechnen. Die Schwierigkeiten der Verarbeitung waren nicht gering und die teils aus dem erhaltenen Material selbst, teils aus den Fragestellungen resultierenden Lücken konnten mir am wenigsten verborgen bleiben.

Immerhin hoffe ich, daß die durch diese Untersuchungen gelegten Fundamentsteine sich für einen weiteren Bau auf dem für unsere Nation so bedeutsamen Gebiete wetterfest genug erweisen.

I. Stand der Literatur über die Frage der Wehrfähigkeit zu Beginn des 20. Jahrhunderts.

Das Problem der Wehrfähigkeit der deutschen Nation in seinen konträren Berufsklassen harrt bis heute noch der Lösung. Seit den Tagen, als Generalleutnant von Horn in seinem Landwehrgeschäftsbericht die Meldung machte, daß die Fabrikgegenden ihr Kontingent zum Ersatz der Armee nicht mehr vollständig stellen können und daher von den Kreisen, welche Ackerbau treiben, „übertragen" werden müssen, ist das Interesse an dieser Frage etwa proportionell dem Entwicklungstempo Deutschlands vom überwiegenden Agrarstaat zum überwiegenden Industriestaat gewachsen. Seit dem Vortrag Brentanos in der Volkswirtschaftlichen Gesellschaft in München, Herbst 1897, über „die heutige Grundlage der deutschen Wehrkraft"[1]) und Serings Referat über „die Bedeutung der landwirtschaftlichen Bevölkerung für die Wehrkraft des Deutschen Reiches"[2]) in der Plenarversammlung des deutschen Landwirtschaftsrats, Februar 1902, beschäftigt dies Thema fortgesetzt Wissenschaft, Parlament[3]) und öffentliche Meinung. Kein Wunder: Werden doch die Wirkungen der zentralisierenden, ja magnetisierenden Kraft der Großstadt hier in ihrer prinzipiellen Bedeutung für eine der fundamentalsten nationalen Fragen zu ergründen versucht.

Die auch heute noch embryonale deutsche Spezialliteratur einer Besprechung zu unterziehen, enthalte ich mich um so williger, als Kuczynski[4]) amtliches und privates Material bis zur Jahrhundertwende im Anschluß an den Abdruck des zuerst genannten Vortrages Revue passieren ließ und m. E. aus diesem Material neue Gesichtspunkte nicht mehr ermittelt werden können.

---

[1]) Vergl. Brentano und Kuczynski, Die Grundlage der deutschen Wehrkraft. Münchener Volkswirtschaftl. Studien. 35. Stück. Stuttgart 1900.

[2]) Vergl. Sonderabdruck aus d. Archiv d. deutschen Landwirtschaftsrats, XXVI. Jahrg. 1902, Berlin. Kommissionsverlag von Paul Parey. 1902.

[3]) Vergl. z. B. die vom Staatssekretär des Innern Dr. Graf von Posadowsky-Wehner in der 153. Reichstagssitzung vom 2. März 1905 gehaltene Rede.

[4]) Vergl. Anmerk. 1, S. 42 und ff. Daselbst auch eingehender Abdruck der Preßfehden.

Bleiben noch die 1901 erschienenen Elbenschen Untersuchungen über die Militärtauglichkeit in Württemberg in den Jahren 1889—98[1]) und ferner die wichtigen Ergebnisse der vom Herrn Reichskanzler für das Heeres-Ergänzungsgeschäft von 1902 angeordneten statistischen Erhebungen, welche den deutschen Landwirtschaftsrat in seiner Sitzung vom 12. Februar 1904 beschäftigten, wobei Herr Professor Sering wiederum die gewonnenen Resultate in einem bedeutsamen Referat zusammenfaßte.[2])

Die Elbensche Arbeit will die relative Tüchtigkeit der agrarischen und der industriellen Bevölkerung prüfen bei gleichzeitigem Versuch, Wesen und Wert der bisher angewandten Methoden kritisch zu beleuchten. — Aber weder bei Zugrundelegung der vier württembergischen Kreise,[3]) noch bei der Betrachtung der 64 Oberämter in der Reihenfolge nach dem Prozentverhältnis ihrer landwirtschaftlichen Bevölkerung[4]) (vom Jahre 1895) erhält E. positive Resultate. — Als Ergänzung werden noch diese Oberämter nach ihrem Verhältnis zu Industrie und Handel gruppiert (vergl. Tabelle 2).

„Wie zu erwarten war,“ heißt es dann weiter, „finden sich in der ersten Hälfte die Bezirke der größeren Städte und Gewerbe- und Handelsplätze. Die zehn — soll heißen zwölf — Städte über 10000 Einwohner sind unter den ersten 26 Städten enthalten. Die zweite Hälfte der Tabelle entbehrt fast ganz der größeren Städte. Wenn man nun mit dieser Reihenfolge der Bezirke nach Industrie und Handel die danebenstehende Ordnungsziffer der Militärtüchtigkeit vergleicht, so läßt sich keine Kongruenz der beiden Ordnungsreihen weder zum Nachteil noch zum Vorteil von Gewerbe und Handel ersehen; beide Hälften der Tabelle verhalten sich in ihrer Militärtauglichkeit nahezu gleich (1031 resp. 1049), Landwirtschaft auf der einen, Gewerbe und Handel auf der anderen Seite halten sich in unserer Frage die Wage.“ —

---

[1]) Vergl. Württembergische Jahrbücher für Statistik und Landeskunde, Jahrgang 1900. Stuttgart 1901.

[2]) Vergl. Die Bedeutung der ländlichen Bevölkerung für die Wehrkraft des Deutschen Reichs nach den von dem Herrn Reichskanzler angeordneten Erhebungen. Sonderabdruck aus dem Archiv des deutschen Landwirtschaftsrats, XXVIII. Jahrgang, Berlin, 1904. Verlagsbuchhandlung Paul Parey.

[3]) „Die Ansicht, sagt E., daß das Rekrutenmaterial einer landwirtsch. Bevölkerung das bessere sei, wird also durch das Verhalten der vier Kreise nicht unterstützt“. Vergl. a. a. O. S. 113.

[4]) „Eine Einwirkung des landwirtschaftl. Berufs der Bezirke auf deren Militärtauglichkeit ist schlechterdings nicht zu erkennen: die Ordnungsziffern der Militärtüchtigkeit sind in der agrarischen Hälfte der Bezirke (1—32) gerade so ungleich und unregelmäßig verteilt, wie in den weniger agrarischen“; s. S. 113.

Und weiterhin beschäftigt sich Elben nochmals mit den „größeren Städten des Landes“ und mit den „großen Städten als Mittelpunkte der Industrie und des Handels“.[1]) —

Mit Verlaub, welche größeren und großen Städte in Württemberg?

Tabelle 2.

Oberämter	Von 1000 ortsanwesenden Personen überhaupt entfallen auf Industrie und Handel	Ordnungsziffer der Militärtauglichkeit	Oberämter	Von 1000 ortsanwesenden Personen überhaupt entfallen auf Industrie und Handel	Ordnungsziffer der Militärtauglichkeit
1. Stuttgart Stadt	712	13	33. Neckarsulm	348	34
2. Heilbronn	633	59	34. Biberach	334	2
3. Eßlingen	631	3	35. Blaubeuren	334	43
4. Göppingen	612	23	36. Wangen	334	42
5. Cannstatt	581	33	37. Welzheim	332	62
6. Tuttlingen	567	30	38. Laupheim	328	8
7. Heidenheim	564	12	39. Schorndorf	323	56
8. Geislingen	560	18	40. Waiblingen	318	45
9. Stuttgart Amt	558	11	41. Tettnang	316	38
10. Aalen	555	53	42. Crailsheim	310	57
11. Reutlingen	547	32	43. Saulgau	305	6
12. Gmünd	528	47	44. Waldsee	299	16
13. Balingen	520	41	45. Vaihingen	287	31
14. Neuenbürg	520	61	46. Horb	285	24
15. Oberndorf	516	52	47. Sulz	284	63
16. Ulm	500	10	48. Neresheim	284	21
17. Ludwigsburg	457	26	49. Leutkirch	284	7
18. Urach	445	5	50. Gaildorf	278	60
19. Rottweil	430	29	51. Öhringen	277	27
20. Freudenstadt	428	64	52. Rottenburg	273	9
21. Backnang	411	51	53. Gerabronn	268	49
22. Maulbronn	411	28	54. Weinsberg	257	40
23. Nürtingen	411	14	55. Riedlingen	256	1
24. Tübingen	406	44	56. Münsingen	255	25
25. Böblingen	405	39	57. Spaichingen	252	15
26. Ravensburg	401	19	58. Marbach	250	22
27. Kirchheim	393	4	59. Ellwangen	248	58
28. Besigheim	385	48	60. Künzelsau	247	37
29. Nagold	373	55	61. Mergentheim	247	35
30. Calw	371	54	62. Ehingen	231	20
31. Hall	362	36	63. Brackenheim	221	50
32. Leonberg	353	17	64. Herrenberg	206	46

[1]) „Ich muß hier,“ sagt Elben, a. a. O. S. 117, „noch eine Bemerkung über das Verhalten der größeren Städte des Landes in unserer Frage einschalten. Die Musterungsverhältnisse der Stadtbevölkerung allein stehen mir leider nicht zur Verfügung, wir können deshalb nur aus dem Verhalten der betreffenden Oberamtsbezirke auf die Verhältnisse der großen Städte einen Rückschluß machen. Die Frage ist nun die, ob die großen Städte als Mittelpunkte der Industrie und des Handels einen günstigen oder ungünstigen Einfluß auf die militärische Tauglichkeit ihrer Bevölkerung ausüben.“

Es handelt sich hier um Militärpflichtige aus den Jahren 1889—98.

Betrachten wir also die Mittel- und Großstädte etwa in dem Zeitabschnitt von 1869—1890, so zeigt zunächst Tabelle 3b, daß am Ende dieser Periode vier Mittelstädte (20—100000 Einw.) vorhanden waren, deren größte 36200 Einwohner aufwies, und etwa seit 1873 eine Großstadt, die Hauptstadt des Königreiches selbst, mit über 100000, nämlich 139800 Einwohnern! —

Man darf also annehmen, daß fast alle Militärpflichtigen auf dem Lande, in Land- oder Kleinstädten aufgewachsen sind, und da hat Bindewald[1]) bereits nachgewiesen, „daß innerhalb aller Berufe die Militärtauglichkeit der auf dem Lande lebenden Bevölkerung überwiegt, ja auch in den Berufen mit sitzender Lebensweise"; und an anderer Stelle sagt derselbe Autor[2]): „Man bringe nur die Industrie in möglichst nahe und unmittelbare Berührung mit Mutter Erde und mit der dieser direkt entspringenden Bevölkerung. Wohnung und Ernährung werden dann schon das Ihrige dazu beitragen, die hier und da etwa durch die Beschäftigung nachteilig wirkende Beeinflussung der Gesundheit zu paralysieren." — Sollten nicht eben diese Bedingungen hier erfüllt sein? —

Aber weiter zu dem negativen Ergebnis der 64 Oberämter. Ein z. T. geringes Mehr von ortsanwesenden Erwerbstätigen in Industrie und Handel gegenüber der Landwirtschaft wirkt hier bei der Einreihung der Militärtüchtigen in die linke oder rechte Seite der Tabelle 2 entscheidend. Dies mag in Sachsen, rheinisch-westfälischen Groß-, Mittel-, Kleinstädten usw., mit prinzipiellen Gegensätzen der Erwerbstätigkeit wohl angängig sein, hier nicht.

Tabelle 3a und b zeigt den Unterschied in der Einwohnerzahl zwischen einigen auf der rechten Seite von Tabelle 2 befindlichen und den zwölf größten württembergischen Städten in der Zeit von 1867 bis 1890.

Tabelle 3a.

Ortsanwesende Bevölkerung	am 3. Dez. 1867	am 1. Dez. 1871	am 1. Dez. 1875	am 1. Dez. 1880	am 1. Dez. 1885	am 1. Dez. 1890
Neckarsulm	2567	2576	2640	2845	3009	3011
Biberach	6600	7091	7376	7799	7938	8264
Waiblingen	3269	3530	4128	4118	4326	4786
Rottenhurg	6222	6145	6416	7136	7310	7027
Mergentheim	2999	3713	4021	4445	4407	4397

[1]) Vergl. Die Wehrfähigkeit der ländlichen und städtischen Bevölkerung, von Dr. Georg Bindewald. Schmollers Jahrbücher. N. F. 25. Jahrgang.

[2]) Vergl. a. a. O. S. 157.

Tabelle 3b.

Ortsanwesende Bevölkerung	am 3. Dez. 1867	am 1. Dez. 1871	am 1. Dez. 1875	am 1. Dez. 1880[1])	am 1. Dez. 1885[1])	am 1. Dez. 1890[2])
Cannstatt	8 611	11 804	15 065	16 205	18 031	20 265
Eßlingen	16 591	17 941	19 602	20 758	20 865	22 234
Heilbronn	16 730	18 955	21 208	24 446	27 758	29 941
Ludwigsburg	12 423	11 785	14 709	16 100	16 201	17 418
Stuttgart	75 781	91 623	107 273	117 303	125 901	139 817
Reutlingen	13 781	14 237	15 246	16 609	17 319	18 542
Tübingen	9 002	9 343	10 471	11 739	12 551	13 273
Gmünd	9 067	10 739	12 838	13 774	15 321	16 817
Ravensburg	7 313	8 433	10 034	10 550	11 483	12 267
Ulm	24 739	26 290	30 222	32 773	33 610	36 191
Tuttlingen	7 031	7 181	7 515	8 313	8 659	10 092
Göppingen	7 883	8 649	9 532	10 851	12 102	14 352

Sollte es wirklich belangreich für die Militärtüchtigkeit sein, ob der Aufenthalt des Erwerbstätigen in der Jugend und Lehrzeit in einem Orte von 3—8000 oder bisweilen von 9—20000 Einwohnern stattgefunden hat? In einem Lande, wo noch am 1. Dezember 1890, ungefähr dem Ende des zur Untersuchung stehenden Zeitabschnittes, von 1000 der ortsanwesenden Bevölkerung[3]) gezählt wurden:

in Großstädten	Mittelstädten	Kleinstädten	Landstädten	auf dem Lande (in Orten von weniger als 2000 Einw.)
62	32	125	132	649

während der Reichsdurchschnitt:

114	93	115	103	575	beträgt;

in einem Lande, wo von 100 Erwerbstätigen einen landwirtschaftlichen Nebenerwerb[4])

aus der Industrie .... 19,91 ca. 1/5 aller (Reichsdurchschnitt 16,21)
aus dem Handel u. Verkehr 17,62 ca. 1/6 aller („ 13,43) haben;

in einem Lande also, wo bei dichter landwirtschaftlicher Bevölkerung und ausgesprochenem Kleinbetrieb[5]) auch ein bedeutender Teil der in Industrie und Handel Erwerbstätigen an der gesunden landwirtschaft-

---

[1]) Vergl. Statist. des Deutschen Reiches, Neue Folge Bd. XXXII.

[2]) Vergl. Vierteljahreshefte zur Statist. des Deutschen Reiches 1892, Heft 2 S. 22/23.

[3]) Vergl. Statistik des Deutschen Reiches, N. F., Band 111, S. 4*.

[4]) Vergl. ebenda S. 128 und 129.

[5])

	auf 100 ha landw. Fläche kommen Selbständige in der Landwirtschaft	auf 100 ha landw. Fläche entfallen auf Betriebe unter 5 ha	auf 100 Erwerbstätige der Landwirtschaft kommen Selbständige	Arbeiter
Württemberg ...	15,79	32,98	42,41	57,33
Reichsdurchschn.	7,76	15,67	30,98	67,86

vergl. Statistik des Deutschen Reiches, Neue Folge, Band 111, S. 129 und S. 91.

lichen Beschäftigung gleichsam als Kompensationsmittel für ihren gesundheitlich z. T. vielleicht unzuträglichen Haupterwerb Anteil haben und in der Lebensweise, im sozialen Klima des Milieus, jeglicher bedeutsamer Gegensatz zwischen Stadt und Land fehlt — wenigstens sicherlich fehlte z. Z. der Minderjährigkeit der hier Untersuchten! —

So mußte allerdings Elben zu dem Resultat gelangen, „daß für Württemberg auf Grund des zu Gebote stehenden Materials für das Jahrzehnt 1889—98 das Überwiegen des agrarischen oder gewerblichen Charakters der Bevölkerung einen Einfluß auf die Militärtüchtigkeit der einzelnen Gegenden des Landes nicht erkennen läßt",[1]) einem Resultate, welches sich m. E. nach der veranschaulichten sozialen Gliederung der Bevölkerung auch schwerlich geändert hätte, wenn die Herkunft, sowie Beruf und Geburtsort der Väter der Untersuchten bekannt gewesen wäre.

Aus den nämlichen Gründen dürfte auch die Schweizer Statistik der ärztlichen Rekrutenuntersuchungen von 1884—91[2]) nach Bezirken des letzten Primarschulortes negative Ergebnisse gezeitigt haben: lediglich flaches Land, sowie Land- und Kleinstädte konnten bei den Schweizer Erhebungen in Vergleich gebracht werden. — Dies sind aber niemals typische Gegensätze.

Auf dem Gebiete der Bevölkerungsstatistik glaubt Elben nachweisen zu können, daß das beste Rekrutenmaterial Gebiete liefern, welche sich durch die höchste Kindersterblichkeit auszeichnen.[3]) — In der Tat, der Gedanke liegt nahe, daß eine hohe Kindersterblichkeit einen Nachwuchs heranreifen läßt, der, eine natürliche Auslese darstellend, physisch hochwertiger erscheint und günstigere Aushebungsresultate ergeben muß, nachdem der Tod vorwiegend schwache Elemente frühzeitig hinwegraffte.

Prinzing[4]) hat indes erst kürzlich nachgewiesen, „daß nicht da in Deutschland die größten Prozentsätze von Tauglichen bei der Aushebung getroffen werden, wo die Kindersterblichkeit am höchsten ist", ferner „daß die Tauglichkeit mit der Höhe der Kindersterblichkeit nichts zu tun hat und daß der Prozentsatz der Militärtauglichen bei der Aushebung von anderen Faktoren abhängt".

Was endlich die beste Methode zur Erforschung der Wehrfähigkeitsfragen betrifft, so decken sich Elbens Ausführungen im allgemeinen

---

1) Vergl. Elben a. a. O. S. 118.

2) Vergl. Tabelle 26 S. 68, wo wir erst auf diese Erhebungen in einem anderen Zusammenhange zu sprechen kommen.

3) Vergl. Elben a. a. O. S. 121.

4) Vergl. Prinzing, Die angebliche Wirkung hoher Kindersterblichkeit im Sinne Darwinscher Auslese, im Zentralblatt für allgemeine Gesundheitspflege 22. Jahrg. 3. und 4. Heft S. 121.

mit dem Antrag Professor Serings und Frhr. von Cettos im deutschen Landwirtschaftsrat 1902, in welchem es heißt:[1])

„... So gewiß die Erhebungen, welche neuerdings betreffs Feststellung des Berufs und der Herkunft der Militärpflichtigen angeordnet sind, als Fortschritt begrüßt werden müssen, so wenig können auch sie allein als ausreichende Grundlage zur Lösung jener Frage angesehen werden.

Vielmehr erscheint die Feststellung des Berufs und Wohnorts, womöglich auch der Herkunft der Eltern, sowie des Geburtsorts, Aufenthaltsorts und des seit Entlassung aus der Schule hauptsächlich betriebenen Berufs der Gestellungspflichtigen, endlich genauere Scheidung derselben nach dem Urteil über ihre Tauglichkeit, bedingte Tauglichkeit, zeitliche Untauglichkeit usw. unter spezieller Hervorhebung der Körpergröße, des Brustumfangs und der festgestellten körperlichen Fehler als notwendige Ergänzung im Sinne der durch Beschluß des Reichstags verlangten Rekruten-Statistik."

Dank dieses Antrages hat nun der Herr Reichskanzler erstmals für das Jahr 1902 Ermittelungen über die Herkunft und die Beschäftigung der beim Heeres-Ergänzungsgeschäfte zur Gestellung gelangten Militärpflichtigen anstellen lassen und das in einer Denkschrift niedergelegte Resultat dem deutschen Landwirtschaftsrat unter dem 24. Oktober 1903 überreicht. — Trotzdem nun die diesen Erhebungen zugrunde liegende Methode weit entfernt ist, obigen Anforderungen zu entsprechen, vielmehr nicht unwesentliche Mängel aufweist — die Unterscheidung der Geburtsorte nach Stadt und Land erfolgte in der Weise, daß als „Land" die Orte mit unter 2000, als „Stadt" die Orte mit 2000 und mehr Einwohnern gelten, auch bei Klassifikation der Berufsarten wurden nur a) in der Land- und Forstwirtschaft, b) anderweitig beschäftigt unterschieden —, so bietet sich doch zum ersten Male hier die Gelegenheit, um Serings Worte zu gebrauchen,[2]) „eine klare und unanfechtbare Antwort auf die Frage nach der Wehrfähigkeit der Land- und der Stadtkinder zu gewinnen. Die Antwort lautet: Die Abkömmlinge des platten Landes übertreffen die Städter beträchtlich an körperlicher Kraft und Gesundheit. Auf 100 endgültig Abgefertigte stellen jene im Reichsdurchschnitt 4,5 und unter Einrechnung der zur Ersatzreserve Gewiesenen 5,35 wehrhafte Leute mehr als diese. . . ."

---

[1]) Vergl. Archiv des deutschen Landwirtschaftsrats, XXVI. Jahrg. 1902, S. 1 und 33.

[2]) Vergl. Sonderabdruck aus dem Arch. des deutsch. Landwirtschaftsrats, XXVIII. Jahrgang 1904, S. 287 u. ff.

„Der einzige Korpsbezirk (von zweiundzwanzig!), in dem auch bei Einrechnung der Ersatzreserve die Stadtgeborenen den Landgeborenen überlegen sind, heißt es a. a. Stelle weiter, ist der achte, welcher den Hauptteil der Rheinprovinz umfaßt.“

Sehr eingehend erörtert Sering nun in seinem Referat das Zustandekommen der Differenz von rund 5% in den Tauglichkeitsziffern der Land- und Stadtkinder, indem er zunächst hervorhebt, daß bei weiterer Scheidung der stadtgeborenen Bevölkerung (Land- und Kleinstädte einerseits, Mittel- und Großstädte andrerseits) sicherlich viel größere Unterschiede in den Tauglichkeitsraten zutage getreten wären. „Die rasche Anhäufung in Mittel- und Großstädten ist die entscheidende Wandlung, welche sich in der Siedelungsweise der deutschen Bevölkerung neuerdings vollzieht, und die Statistik hätte das zu lösende Problem gerade darin erblicken müssen, die militärische Bedeutung dieses Vorganges zu erfassen.“

Ebenfalls ungünstig beeinflußt wird ferner die Quote der tauglichen Landbevölkerung dadurch, daß in zahlreichen Landgemeinden z. B. auf allen deutschen Mittelgebirgen die Hausindustrie beheimatet ist, welche bereits die Jugendlichen in hygienisch wenig einwandfreien Räumen zu harter Arbeit heranzieht, während wiederum andere Landgemeinden bereits mit Arbeitern der Großindustrie stark durchsetzt sind, welchen kaum Zeit und Gelegenheit gegeben ist, noch nebenbei Landarbeit zu treiben. Wäre hier eine detailliertere Bearbeitung des Materials nicht nur nach Armeekorpsbezirken möglich gewesen, so hätten sich wohl für einzelne Bezirke höchst typische Momente ergeben.

Endlich betont Sering, daß die überlegene Tauglichkeit der Landgeborenen vom Geburtsort nur abhängt, sobald dieser mit dem Aufenthaltsort in der Entwicklungszeit dieser Landkinder identifiziert werden kann. „Immerhin ist der Zuzug in die Großstädte und Industriebezirke schon vom 16. Lebensjahre an nicht gering. Dadurch wird die allgemeine Tauglichkeitsziffer der Großstädte erhöht und diejenige der Landgeborenen (abermals) gedrückt.“

„Um den Einfluß der Wanderungen vor dem Alter der Militärpflicht nachzuweisen,“ heißt es weiter, „würde es einer Kombination des Geburtsortes mit dem Wohnort der Eltern und dem Aufenthaltsort der Wehrpflichtigen bedürfen. Est ist ein weiterer Mangel der neuen Statistik, daß sie solche Kombinationen vorzunehmen nicht gestattet.“ Also, um es kurz zu wiederholen:

zu grobe Scheidung der Ortsgrößenklassen,[1])

---

[1]) Ein weiterer Fehler, welcher das gewonnene Bild sehr erheblich zuungunsten des

zu geringe Gliederung des Materials in bezug auf Verwaltungseinheiten,

endlich keine Kombinations-, vielleicht Identifizierungsmöglichkeit des Geburtsorts mit dem des Aufenthalts der Abgefertigten während ihrer Entwicklungsperiode,

bemängelt Sering hauptsächlich an den erstmals für das Jahr 1902 stattgehabten Reichserhebungen über die Wehrfähigkeit.

Dem gegenüber ist die zu grobe Gliederung der Berufsarten — auch hierbei schied man ja nur zwei Rubriken, wodurch lediglich die Zahl der der Landwirtschaft sich zuwendenden abgefertigten und tauglichen jungen Männer erkenntlich wird (28 resp. 29%) — nur von sekundärem Einfluß, da „die berufsstatistischen Angaben uns von der Bedeutung der Beschäftigung für die Militärtauglichkeit im wesentlichen nichts anderes erzählen als die Statistik des Heimatsortes, und dies wird auch nicht anders werden, wenn man die Berufsstatistik der Wehrfähigen noch so fein gliedert".

Mit Rücksicht auf die weittragende Bedeutung des Gegenstandes und unter Hervorhebung der oben angedeuteten Mängel beschloß daher der deutsche Landwirtschaftsrat in seiner Februarsitzung 1904, den Herrn Reichskanzler nochmals zu ersuchen, „das gesamte Material der Ersatzbehörden — sei es auch nur für eine jeweils weiter zurückliegende Zeit — den statistischen Zentralstellen zur fortlaufenden Verarbeitung und Veröffentlichung zu überweisen".[1])

Gehen wir nun zu unseren eigenen detailstatistischen Untersuchungen über und sehen zu, welche der oben angeführten Mängel hier vermieden werden konnten und welcher Gestalt die Resultate sind, die uns dieses Material beschert.

II. Zur Charakterisierung der von der Statistik erfaßten Landesteile und Städte.

Ehe wir es versuchen, ein Zahlengemälde einiger typischen Verhältnisse der in die Untersuchungen einbezogenen Gegenden zu ent-

---

Landes verschiebt, wurde nun noch dadurch in die Erhebungen getragen, daß bei Entscheidung, ob ein Geburtsort mehr oder weniger als 2000 Einwohner habe, das Ergebnis der letzten Volkszählung von 1900, statt des vom Jahre 1882 — dem Geburtsjahr der 1902 zur Vorstellung gelangten — verwertet wurde.

[1]) Vergl. Resolution und Beschluß des deutschen Landwirtschaftsrats in seiner Sitzung am 12. Februar 1904. Sonderabdruck aus dem Archiv des deutschen Landwirtschaftsrats, XXVIII. Jahrgang 1904, S. 301.

werfen, ist der Beweis einer gewissen Seßhaftigkeit zu erbringen; denn man wird die berechtigte Frage aufwerfen: Stammt denn tatsächlich die Mehrzahl der Arbeiter wenn nicht aus den Orten, so doch aus dem Lande bezw. den Provinzen, in denen die Erhebungen[1]) stattgefunden haben?

Tabelle 4.

Gebürtigkeit der Arbeiter im Verhältnis zum Beschäftigungsort.

Zweite Generation.

Gebietsteil	Beruf	Geboren: A. in demselben Lande bezw. Provinz bezw. Stadt: 1. am Beschäftigungsort selbst abz. Z.	%	2. außerhalb desselben abs. Z.	%	Summe von 1+2 %	B. im übrigen Deutschland abs. Z.	%	C. im Ausland abs. Z.	%
Nordwestdeutschld.	Tapezierer ..	208	39,4	88	16,6	*56,0*	201	38,1	31	5,9
Sachsen	Tapezierer ..	193	35,9	162	30,2	*66,1*	159	29,6	23	4,3
Berlin	Tapezierer ..	88	34,1	41	15,9	*50,0*	116	45,0	13	5,0
	Buchdrucker.	256	47,5	82	15,2	*62,7*	195	36,2	6	1,1
	Metallarbeiter	76	42,7	37	20,8	*63,5*	64	36,0	1	0,5
Berlin zusammen		420	43,1	160	16,4	*59,5*	375	38,5	20	2,0
Norddeutschland zusammen		821	40,2	410	20,1	*60,3*	735	36,0	74	3,6

Tabelle 5.

Gebürtigkeit der Väter der Arbeiter im Verhältnis zum Geburtsort des Arbeiters selbst (mit Rücksicht auf die engere Heimat).

Erste Generation.

Gebietsteil	Beruf des Sohnes	Geboren: A. in demselben Lande bezw. in derselben Provinz wie der Sohn: 1. an demselben Orte abs. Z.	%	2. außerhalb desselben abs. Z.	%	Summe von 1+2 %	B. im übrigen Deutschland abs. Z.	%	C. im Ausland abs. Z.	%
Nordwestdeutschld.	Tapezierer ..	112	22,2	112	22,2	*44,4*	242	47,9	39	7,7
Sachsen	Tapezierer ..	109	21,0	196	37,7	*58,7*	188	36,1[2])	27	5,2
Berlin	Tapezierer ..	45	18,9	27	11,3	*30,2*	151	63,5	15	6,3
	Buchdrucker.	102	19,5	97	18,6	*38,1*	314	60,0	10	1,9
	Metallarbeiter	44	24,8	32	18,1	*42,9*	101	57,1	—	—
Berlin zusammen		191	20,4	156	16,6	*37,0*	566	60,3	25	2,7
Norddeutschland zusammen		412	21,0	464	23,6	*44,6*	996	50,8	91	4,6

[1]) Vergl. nochmals Tabelle 1 Seite 3.

[2]) Davon in der Sachsen benachbarten Provinz Schlesien 62 d. h. 11,9 % geboren.

Tabelle 4 zeigt, daß im Durchschnitt über 60% der Arbeiter in demselben — sagen wir „engeren Heimatlande“ — geboren, in welchem sich ihr Beschäftigungsort befindet.[1]) Auch von den Vätern, der ersten Generation, stammt, wie Tabelle 5[2]) beweist, im Verhältnis zu den Söhnen noch ein sehr bedeutender Teil aus demselben Gebiete.

Sachsen ist in bezug auf Seßhaftigkeit im eigenen Lande den anderen Gebieten weit überlegen. Eine Erklärung für diese Erscheinung wird man vor allem darin finden können, daß sich in dem ziemlich gleichmäßig industriell überfluteten Sachsen mannigfache gewerbliche Arbeitsgelegenheit unmittelbar vor den Toren auch einer der vielen kleinen Geburtsstädte[3]) bieten mag. Die starke Agglomeration der Industrie vorwiegend innerhalb des Weichbildes der Hansestädte Hamburg (-Altona), Bremen, Lübeck wird die geringere Stabilität für Nordwestdeutschland verschulden; zudem üben die Hafenstädte — das bestätigt die größere Ausländerzahl daselbst — stets eine erhöhte Anziehungskraft besonders natürlich auf die Bewohner der Nachbargebiete aus.

Das mehr nationale Gepräge der Reichshauptstadt läßt ein einheitliches Bild nicht erkennen. Bei den Tapezierern sowie besonders bei deren Vätern ist der Prozentsatz der in Berlin und in der Provinz Brandenburg Geborenen relativ gering.

Immerhin: die Zahlen geben uns das Anrecht, Nordwestdeutschland, Sachsen (Königreich und Provinz) sowie Brandenburg mit Berlin als engeres Heimatland der von der Enquête erfaßten Arbeiterschichten anzusehen; ein beträchtlicher Teil der älteren Generation ist ebenfalls daselbst geboren.

Dieser Umstand ist bedeutsam; er berechtigt zur Wiedergabe einiger Zahlenreihen, welche über das Wachstum von Land und Stadt während des hier wichtigsten Zeitabschnittes Aufschluß geben, uns über Haupt- und Nebenerwerb, sowie über die Berufs- und Grundbesitzver-

---

[1]) „In derselben Provinz“ bedeutet für Hamburg: Schleswig-Holstein und Hannover, für Bremen noch Oldenburg, für Lübeck auch Mecklenburg; da diese Stadtstaaten ein engeres Heimatland entbehren, wurde dadurch versucht, Sachsen gegenüber ein Äquivalent in bezug auf die zweite Gruppe zu schaffen. Niemand wird bestreiten wollen, daß trotzdem von einer gewissen Seßhaftigkeit sehr wohl gesprochen werden kann.

[2]) Bei „Berlin“ wurden zu A 1 auch Orte aus der Provinz Brandenburg gerechnet, z. B. wenn Vater und Sohn in Fürstenwalde, Potsdam usw. geboren waren; dagegen wurde natürlich der Bogen zur Gruppe B gezählt, wenn beide in Stralsund oder der Vater zwar in Berlin, der Sohn aber in Danzig geboren war.

[3]) Schleswig-Holstein-Hannover hatte 1880 erst 44 Klein- und 6 Mittelstädte, während Sachsen (Königreich + Provinz) bereits 106 Klein- und 14 Mittelstädte aufwies. Vergl. Statistisch. Jahrbuch des Deutschen Reiches III. Jahrg. 1882.

Tabelle 7.

Ortsanwesende Bevölkerung in den untersuchten Landesteilen und Städten von 1867—1895.

Staaten und Landesteile	am 3. Dez. 1867[1])	am 1. Dez. 1871	am 1. Dez. 1875	am 1. Dez. 1880[2])	am 1. Dez. 1885	am 1. Dez. 1890[3])	am 2. Dez. 1895[4])
Pr. Schleswig-Holstein (mit Lauenburg)	1 031 696	1 045 419	1 073 926	1 127 149	1 150 306	1 217 437	1 286 416
Provinz Hannover	1 939 385	1 963 080	2 007 725	2 120 168	2 172 702	2 278 361	2 422 020
Hamburg (Staat)	306 507	338 974	388 618	453 869	518 620	622 530	681 632
Bremen (Staat)	110 352	122 402	142 200	156 723	165 628	180 443	196 404
Lübeck (Staat)	49 183	52 158	56 912	63 571	67 658	76 485	83 324
Königreich Sachsen	2 426 300	2 556 244	2 760 586	2 972 805	3 182 003	3 502 684	3 787 688
Kreishauptmannschaft Dresden	—	676 584	749 503	808 512	860 558	950 530	1 067 757
Kreishauptmannschaft Leipzig	—	591 215	639 975	707 826	774 036	871 132	945 179
Provinz Sachsen	2 067 066	2 103 245	2 168 988	2 312 007	2 428 367	2 580 010	2 698 549
Provinz Brandenburg (ohne Berlin)	2 013 585	2 036 844	2 159 553	2 266 825	2 342 411	2 541 783	2 821 695

Städte	am 1. Dez. 1867[1])	am 1. Dez. 1871	am 1. Dez. 1875	am 1. Dez. 1880[2])	am 1. Dez. 1885	am 1. Dez. 1890[3])	am 1. Dez. 1895[4])	Einwohnerzahl der innern 5 km Agglomeration im Jahre 1900
Altona	67 350	74 102	84 097	91 047	104 717	143 249	148 944	} 840 399
Hamburg	224 974	239 107	264 675	289 859	305 699	323 923 Vororte 245 337	625 552	
Hannover	73 979	87 626	106 677	122 843	139 731	163 593	209 535	296 838
Bremen	74 945	82 807	102 532	112 453	118 395	125 684	141 894	184 547
Lübeck	36 998	39 743	44 799	51 055	55 399	63 590	69 874	—
Rostock	28 849	30 980	34 172	36 967	39 356	44 409	49 912	—
Dresden	156 024	177 089	197 295	220 818	246 086	276 522	336 440	495 398
Leipzig	90 824	106 925	127 387	149 081	170 340	295 025 Eingemeind.	399 963	507 492
Magdeburg	78 552	84 401	87 925	97 539	114 291	202 234 Eingemeind.	214 424	242 242
Berlin	702 437	826 341	966 858	1 122 330	1 315 287	1 578 794	1 677 304	1 888 848[5])

[1]) Vergl. Statist. des Deutschen Reiches, Band XXX Heft 10 S. 89ff.

[2]) Vergl. Statist. des Deutschen Reiches, Neue Folge Band XXXII S. 18—21.

[3]) Vergl. Statist. des Deutschen Reiches, Neue Folge Band LXVIII S. 18—20.

[4]) Vierteljahrshefte zur Statist. des Deutschen Reiches 1897, I S. 27/28, II S. 172ff.

[5]) Für Berlin mußte die Einwohnerzahl der Großstadt 1900er Umfang genommen werden.

teilung in den fraglichen drei Landesteilen unterrichten, kurz die jeweils typischen Verhältnisse jener Gegenden veranschaulichen sollen.

Der in Tabelle 6 wiedergegebene Altersaufbau der aus Nordwestdeutschland und Sachsen stammenden Tapezierer läßt erkennen, daß, abgesehen von der wenig besetzten höchsten Altersklasse mit 3 resp. 3,5% aller, die ältesten Arbeiter 1853, die jüngsten im Jahre 1888 geboren wurden.[1])

Tabelle 6.

Altersgliederung der Tapezierer in Nordwestdeutschland und Sachsen.

Es standen in der Altersklasse von	14—18 Jahren		19—24 Jahren		25—29 Jahren		30—39 Jahren		40—49 Jahren		50 u. mehr Jahren		Summa	
	abs.Z.	%	abs.Z.	%	abs.Z.	%	abs.Z.	%	abs.Z.	%	abs.Z.	%	abs.Z.	%
in Nordwestdeutschland ...	13	2,5	174	32,9	135	25,6	133	25,2	57	10,8	16	3,0	528	100
in Sachsen	12	2,2	159	29,6	151	28,1	146	27,2	50	9,3	19	3,5	537	100

Wir finden in Tabelle 7 das Wachstum der hier interessierenden Landesteile und Städte von 1867—1895 wiedergegeben. Das sprungweise starke Anschwellen der großstädtischen Bevölkerung läßt jedesmal auf umfangreiche Eingemeindungen schließen, so bei Hamburg, Leipzig, Magdeburg, später auch bei Dresden. Die letzte Spalte zeigt noch die 5 km Agglomeration im Jahre 1900, d. h. Großstadt 1900 + die noch nicht zur Großstadt gehörige Bevölkerung im Umkreis von 5 km.[2]) Man ersieht durch Vergleich der beiden letzten Spalten, was diese Großstädte demnächst aufsaugen werden; auf diesen Prozeß werden wir noch a. a. O., vergl. S. 73, zurückkommen.

Weiter: Tabelle 8 gibt die Berufs- und Grundbesitzverteilung in den untersuchten Landesteilen und Städten wieder.

Mit Ausnahme des Reg.-Bezirks Magdeburg und Potsdam-Berlin haben wir Gegenden mit überwiegend mittlerem Grundbesitz vor uns, in denen zumeist Industrie und Handel getrieben wird, freilich, wie die Zahlen der Tabelle 9 zeigen, ist in den Provinzen Schleswig-Holstein, Hannover und Sachsen die Quote der eine landwirtschaftliche Nebenbeschäftigung treibenden Bevölkerung nicht unbeträchtlich, ja steigt in den beiden letztgenannten Provinzen sogar bis über $^1/_4$ aller industriellen und in Hannover auch der in Handel und Verkehr Erwerbstätigen.

[1]) Bei dieser Gelegenheit sei bemerkt, daß durchweg der 31. Dez. 1902 als Endpunkt der Erhebungen in Rechnung gezogen wurde.

[2]) Vergl. Dr. Schott, Das Wachstum der deutschen Großstädte, im statist. Jahrbuch deutscher Städte 12. Jahrg., S. 36 und 37.

Tabelle 8.

Berufs- und Grundbesitzverteilung (in den untersuchten Landesteilen und Städten) im Jahre 1882.

Staaten und Landesteile	Von 1000 Erwerbstätigen[1]) und berufslosen Selbständigen (A—F) jedes Gebietsteils kommen auf die Land- und Forstwirtschaft, Gärtnerei u. Fischerei	Von je 100 ha[2]) der landwirtsch. Fläche kommen ha auf die Größenklasse von				Bemerkungen
		unter 1 ha	1 bis 10 ha	10 bis 100 ha	100 ha und mehr	
Nordwestdeutschland:						
Schleswig-Holstein	423,4	0,8	10,6	*72,2*	16,4	Landwirtschaftliche Fläche nur auf Schleswig bezogen
Hannover	496,0	3,5	*30,4*	*58,2*	7,9	
Hamburg	48,5	4,2	13,7	*71,5*	10,6	
Lübeck	173,6	2,8	8,8	*67,6*	20,8	
Bremen	82,6	4,8	22,4	*72,8*	—	
Sachsen:						
Dresden (Kreishauptmsch.)	238,6	2,6	23,0	*61,3*	13,1	
Leipzig (Kreishauptmsch.)	240,4	2,5	17,4	*60,7*	19,4	
Magdeburg Reg.-Bez.	404,3	3,2	15,3	*49,9*	31,6	
Reg.-Bez. Potsdam	385,1 }	1,9	10,1	*52,1*	35,9	
Berlin	7,3 }					

Tabelle 9.

Der Nebenerwerb in den einzelnen Landesteilen und Städten[3]) nach der Berufszählung vom 14. Juni 1895

Staaten und Landesteile	1. Von 100 Erwerbstätigen u. berufslosen Selbständigen haben Nebenerwerb		2. Von 100 Erwerbstätigen der Berufsabteilung A. Land- u. Forstwirtschaft haben Nebenerwerb		3. Von 100 Erwerbstätigen der Berufsabteilung B. Industrie haben Nebenerwerb		Von 100 Erwerbstätigen der Berufsabteilung C. Handel und Verkehr haben Nebenerwerb	
	uberhaupt	in der Landwirtsch. (A 1)	überhaupt	in der Landwirtsch. (A 1)	überhaupt	in der Landwirtsch. (A 1)	überhaupt	in der Landwirtsch. (A 1)
Schleswig-Holstein	15,63	12,47	16,08	11,90	18,33	15,96	17,32	14,09
Hannover	20,91	16,58	16,83	9,04	28,37	26,83	27,89	25,20
Hamburg	2,40	0,42	7,19	1,73	2,55	0,49	2,45	0,38
Bremen	4,75	2,79	9,57	5,43	5,52	3,85	4,27	1,86
Lübeck	12,76	6,69	15,83	6,03	15,08	8,67	12,87	6,42
Königreich Sachsen	7,37	4,23	8,95	2,67	7,32	5,06	9,31	5,50
Provinz Sachsen	20,49	17,57	16,93	12,04	27,50	25,84	22,23	19,46
Berlin	1,74	0,26	4,13	1,37	1,57	0,32	1,80	0,18
Reichsdurchschnitt	14,29	10,57	12,66	5,82	18,02	16,21	16,43	13,43

---

[1]) Statistik des Deutschen Reiches Band 111; II S. 76 u. 80.

[2]) Vergl. Grundbesitzverteilung und Wehrkraft in der bereits zitierten Arbeit „Die heutige Grundlage der deutschen Wehrkraft“ von Lujo Brentano und Robert Kuczynski S. 24/25 entlehnt.

[3]) Vergl. Statist. des Deutschen Reiches, Neue Folge Band 111, Teil I S. 128/129.

Von den beiden hier im Vordergrund des Interesses stehenden Großbauerngebieten ist das nordwestliche bedeutend stärker agrarisch als das mitteldeutsche.[1])

Die charakteristischen Merkmale der Gegenden, aus denen der größte Teil der Arbeiter (beider Generationen) stammen, sind also: mittlerer Grundbesitz und vorwiegend industrielle Erwerbstätigkeit, zum Teil direkt Industriezentren.

III. Herkunfts- (Geburts-) und Aufenthaltsort.

Zur Feststellung der Geburtsorte wurde das bekannte Neumannsche Ortslexikon des deutschen Reiches[2]) benutzt, dessen Bearbeitung für Ortschaften mit über 2000 Seelen auf Grund der Volkszählung vom 1. Dezember 1890 erfolgte. Schon aus Tabelle 6 ist ersichtlich, daß in Nordwestdeutschland und Sachsen 86,2 resp. 87,1% aller Arbeiter im Alter zwischen 14—39 Jahren stehen. Die Ergebnisse dieser zwölf Jahre zurückliegenden Zählung können wohl für die zweite Generation als im allgemeinen zutreffend angesehen werden. Nicht jedoch für die Väter der Arbeiter. Hier hätte die Größe der Geburtsorte nach einem etwa im Jahre 1850 bearbeiteten Ortsregister ermittelt werden müssen. Dies ist nicht geschehen und kann lediglich mit den einer privaten Enquête stets nur in beschränktem Maße zur Verfügung stehenden Mitteln entschuldigt werden. Zwei Momente jedoch waren geeignet, diesen Fehler im wesentlichen zu eliminieren.

Eine Einteilung in drei Ortsgrößenklassen erschien der relativ geringen Bogenzahl wegen — etwas über 2000 — am zweckmäßigsten, und zwar wurden folgende Ortsgruppen[3]) gebildet:

---

[1]) Vergl. Statistik des Deutschen Reiches, Band 112, S. 7.*
Es entfielen landwirtschaftliche Bevölkerung (A1) auf 1000 Personen der Gesamtbevölkerung:

	1882	1895
in der Provinz Schleswig-Holstein	427,49	347,21
„ „ „ Hannover	487,73	415,99
dagegen		
in der Provinz Sachsen	362,91	304,97
im Regierungs-Bezirk Magdeburg	367,88	310,40
im Königreich Sachsen	188,23	137,92
in der Kreishauptmannschaft Dresden	198,36	137,74
in der Kreishauptmannschaft Leipzig	206,44	146,99

[2]) Dritte Aufl. Leipzig 1894; für die im Auslande Gebürtigten wurde der Geburtsort nach Ritter, Geograph.-statist., Lexikon 8. Aufl., Leipzig 1895 festgestellt.

[3]) Die der Reichsstatistik zugrunde liegende Fünfklassengliederung — bis 2000 Einwohner und 5—20000 Einwohner kämen hinzu — hätte zu kleine absolute Werte ergeben und konnte nur für Berlin ergänzend Anwendung finden.

1. bis 5000 Einwohner: Land + Landstädte.
2. 5000—100000 Einw.: Klein- + Mittelstädte.
3. 100000 und mehr Einw.: Großstädte.

Hierdurch wurden zunächst nicht selten Verteilungen bedingt, die auch bei Benutzung eines etwa aus dem Jahre 1850 stammenden Ortsregisters Geltung behalten hätten. Einige Beispiele mögen dies veranschaulichen:

Der Landort Keuschberg bei Merseburg hatte 1871: 895 Einwohner und 1890 erst 936; die „Stadt" Teltow hatte 1816: 999 und 1890: 2902 Seelen; beide gehören also auf alle Fälle in die erste Größenklasse.

Das Wachstum der Landorte ist im allgemeinen so gering, daß wesentliche Veränderungen bei obiger Einteilung ausgeschlossen erscheinen. Weiter: Grünberg in Schlesien hatte 1806: 9125 Seelen, 1871: 11735 und 1890: 16092, ferner hatte Lübeck (Stadt) 1834: 36464 Einwohner, 1871: 39743 und 1890 erst 63590 Einwohner. Also nach einer nicht zwölf, sondern fünfzig Jahre zurückliegenden Zählung — immer 1902 als Schlußjahr der Erhebungen angenommen — wären diese beiden Orte gleichfalls noch in unsere zusammengezogene Klasse der „Klein- und Mittelstädte" mit 5—100000 Seelen gefallen. So verbleiben nur Orte, welche 1890 etwa 5500[1])—7000 Einwohner zählen, übrig, die für die erste Generation falsch klassifiziert wurden. Die meisten Fehler sind durch die große Gruppenbildung der ersten Klasse ausgeschaltet worden.

Wesentliche Wandlungen hingegen haben sich in der Zahl der Großstädte im Laufe des letzten halben Jahrhunderts vollzogen:

1890 gab es in Deutschland bereits 26 Großstädte, dagegen im Jahre 1852 erst sechs, nämlich[2])

Berlin	mit	521797	Einw.	München	mit	106715	Einw.,
Hamburg	„	179594	„	Dresden	„	104199	„
Breslau	„	121052	„	Cöln	„	101091	„

Bei Feststellung der Geburtsorte der Väter der Arbeiter mußten diese sechs Städte ausschließlich die **dritte** Gruppe bilden und dank der gerade aus Berlin, Hamburg und Dresden zahlreich eingelaufenen Bogenzahl ist auch diese Klasse für die erste Generation noch hin-

---

[1]) Orte bis zu 5500 Einwohnern wurden bei nochmaliger Durchsicht der Ortsgebürtigkeit der Väter zur **ersten** Gruppe gelegt.

[2]) Vergl. 7. Jahrg. des Statist. Jahrbuchs deutscher Städte, Breslau 1898, Abschnitt XXII S. 251.

reichend stark besetzt,[1]) um ein richtiges Bild zu gewähren. So erscheinen die Zahlen in der dritten Ortsgrößenklasse, den Großstädten, worauf es besonders ankommt, unter allen Umständen genau.

1a. Die Herkunft der Väter der Arbeiter.

Der Versuch, neben der bereits erwähnten Dreiklasseneinteilung für Berlin eine von der Reichsstatistik abermals abweichende Fünfklassengliederung durchzuführen, bedarf kaum der Rechtfertigung. Ein etwas reichlicheres Material stand hier zur Verfügung und es schien geboten, die auf die Reichshauptstadt sich beziehenden Zahlen getrennt zu veranschaulichen, zeigt doch bereits Tabelle 10b, daß durchschnittlich nur 2,3% der Väter, welche in Großstädten geboren, nicht in Berlin selbst zur Welt gekommen sind.

Zu den vorstehenden Tabellen ist folgendes zu bemerken:

Der Klassenaufbau erscheint ziemlich gleichmäßig, durchschnittlich 51,3% sind auf dem Lande bezw. in Landstädten, 34,1% in Klein- und Mittelstädten, der Rest in Großstädten geboren.

Zunächst will es scheinen, als ob eine Trennung der Väter nach dem Beruf ihrer Söhne für Berlin unnötig wäre. Mich dünkt aber, daß bereits Beziehungen zwischen Gebürtigkeit der Väter und Beruf der Söhne erkennbar. Oder sollte es Zufall sein, daß gerade die Väter der ein spezifisch städtisches Gewerbe treibenden Tapezierer und Buchdrucker erheblich mehr in Klein-, Mittel- und Großstädten (55,1 resp. 52,5%) geboren sind als die der Metallarbeiter, von denen noch 40,9% vom platten Lande und 14,2% aus Landstädten stammen? — Da man sich in der Stadt mit seiner größeren gewerblichen Differenzierung befand, so wurde m. E. dieser Umstand zum mindesten mitbestimmend bei der Berufswahl.

Die allgemein starke Landgebürtigkeit läßt sich natürlich nur bei der weiteren Gliederung der Berliner Zahlen (vergl. Tabelle 10b) erkennen, auch in Nordwestdeutschland und Sachsen wäre diese wohl in die Erscheinung getreten, wenn eine gleiche Einteilung hier angängig gewesen wäre.

Die magnetische Kraft der wenigen Großstädte mag schon vor einem halben Jahrhundert proportional ihrer Größe und Bedeutung gewirkt haben. In Berlin sind durchschnittlich 15,1%, in Nordwestdeutschland, d. h. hier in Hamburg, 14,1%, endlich in Sachsen, im gegebenen Falle in Dresden nur 9,8% der Väter geboren.

---

[1]) Bei Zugrundelegung der Zählung von 1849 wären Dresden und Cöln, welche erst 94092 resp. 94787 Einnwohner hatten, fortgefallen.

Tabelle 10a.

Gebürtigkeit der Väter der Arbeiter nach drei Ortsgrößenklassen (soweit angegeben).

Geboren in Orten mit....Einwohnern	Nordwestdeutschl. Beruf der Söhne: Tapezierer		Sachsen Beruf der Söhne: Tapezierer		Berlin Beruf der Söhne: Tapezierer		Berlin Beruf der Söhne: Metallarbeiter		Berlin Beruf der Söhne: Buchdrucker		Summe aller	
	abs. Z.	%	abs. Z.	%	abs. Z.	%	abs. Z.	%	abs. Z.	%	abs. Z.	%
bis 5000	264	52,4	283	55,7	106	44,9	97	55,1	256	47,5	*1006*	*51,3*
5000—100000	169	33,5	175	34,5	87	36,9	49	27,8	190	35,3	*670*	*34,1*
100000 und mehr ..	71	14,1	50	9,8	43	18,2	30	17,1	93	17,2	*287*	*14,6*
Summa	504	100,0	508	100,0	236	100,0	176	100,0	539	100,0	*1963*	*100,0*

Tabelle 10b.

Gebürtigkeit der Väter der Berliner Arbeiter nach fünf Ortsgrößenklassen (soweit angegeben).

Geboren in Orten mit....Einwohnern	Beruf der Söhne: Tapezierer		Beruf der Söhne: Metallarbeiter		Beruf der Söhne: Buchdrucker		Summe		Summe zusammengezogen	
	abs. Z.	%	abs. Z.	%	abs. Z.	%	abs. Z.	%	abs. Z.	%
bis 2000	70	29,7	72	40,9	175	32,5	317	33,3	*459*	*48,3*
2000—5000..............	36	15,2	25	14,2	81	15,0	142	15,0		
5000—100000	87	36,9	49	27,8	190	35,3	326	34,3	*326*	*34,3*
100000 u. mehr (ohne Berlin)	11	4,7 } 55,1	—	—	11	2,0 } 52,5	22	2,3	*166*	*17,4*
Berlin..................	32	13,5	30	17,1	82	15,2	144	15,1		
Summa	236	100,0	176	100,0	539	100,0	951	100,0	*951*	*100,0*

Tabelle 11a.

Gebürtigkeit der Arbeiter nach drei Ortsgrößenklassen (soweit angegeben).

Geboren in Orten mit....Einwohnern	Nordwestdeutschl. Beruf: Tapezierer		Sachsen Beruf: Tapezierer		Berlin Beruf: Tapezierer		Berlin Beruf: Metallarbeiter		Berlin Beruf: Buchdrucker		Summe aller	
	abs. Z.	%	abs. Z.	%	abs. Z.	%	abs. Z.	%	abs. Z.	%	abs. Z.	%
bis 5000	146	27,7	157	29,3	68	27,6	56	31,4	96	17,8	*523*	*25,8*
5000—100000	148	28,0	143	26,7	68	27,6	35	19,7	147	27,3	*541*	*26,7*
100000 und mehr	234	44,3	236	44,0	110	44,7	87	48,9	296	54,9	*963*	*47,5*
Summa	528	100,0	536	100,0	246	100,0	178	100,0	539	100,0	*2027*	*100,0*

Tabelle 11b.

Gebürtigkeit der Berliner Arbeiter nach fünf Ortsgrößenklassen (soweit angegeben).

Geboren in Orten mit....Einwohnern	Beruf: Tapezierer		Beruf: Metallarbeiter		Beruf: Buchdrucker		Summe		Summe zusammengezogen	
	abs. Z.	%	abs. Z.	%	abs. Z.	%	abs. Z.	%	abs. Z.	%
bis 2000	54	22,0	37	20,8	55	10,2	146	15,2	*220*	*22,8*
2000—5000	14	5,7	19	10,6	41	7,6	74	7,7		
5000—100000	68	27,6	35	19,7	147	27,3	250	25,9	*250*	*26,0*
100000 u. mehr (ohne Berlin)	26	10,6	9	5,1	39	7,2	74	7,7	*493*	*51,2*
Berlin	84	34,1	78	43,8	257	47,7	419	43,5		
Summa	246	100,0	178	100,0	539	100,0	963	100,0	*963*	*100,0*

Gerade die wesentlich geringere Großstadtgebürtigkeit in Sachsen scheint nicht auffällig, tritt doch Leipzig, wennschon damals noch Mittelstadt, sicherlich bereits als Nebenbuhler auf und manch anderes Industriezentrum dürfte in bezug auf Handel und Verkehr gleichfalls stark anziehend gewirkt haben. An anderer Stelle wird noch gezeigt werden, daß von den in der zweiten Ortsgrößenklasse zusammengezogenen Klein- und Mittelstädtern der größere Teil in Orten mit 5—20000 Einwohnern geboren wurde.

1b. Die Herkunft der Arbeiter.

Gehen wir nunmehr zur Gebürtigkeit der Arbeiter selbst über.

Bei der im allgemeinen zutreffenden Annahme, daß der Arbeiter mit 26—27 Jahren zur Ehe schreitet,[1]) hat etwa ein halbes Menschenalter genügt, uns für die zweite Generation völlig andere Verhältnisse vor Augen zu führen. — Was für ein lebendes Bild erhebt sich aus unseren toten Zahlen! Nur 25,8% sind durchschnittlich noch auf dem Lande einschl. der Landstädte, 26,7% in Orten mit 5—100000 Einwohnern, dagegen 47,5% in Großstädten geboren! — Eine gewisse Homogenität im Zahlenaufbau — besonders bei den Tapezierern — ist auch hier unverkennbar. Die höchste Landgebürtigkeit zeigt sich in der zweiten Generation wiederum bei den Metallarbeitern mit 31,4%, die geringste bei den Buchdruckern 17,8%, dagegen sind von letzteren 54,9% in Großstädten, in Berlin selbst 47,7%, also noch 0,2% mehr, als im Durchschnitt in allen Großstädten geboren sind.[2])

Man kann sich (leider!) unschwer auch bereits für eine dritte Generation das entsprechende Zahlenbild vorstellen. Einige 60% Großstadtgeborene wird man zu verzeichnen haben! — Und was treibt Vater, Sohn und Enkel, Generation auf Generation, unwiderstehlich zur Großstadt?

Sombart sagt:[3]) „Das Bedürfnis nach individueller Freiheit ist es, was das Stadtleben reizvoll erscheinen läßt". Zugegeben, ein bedeutsamer Faktor zur Erklärung dieses sozialen Phänomens ist damit ge-

---

[1]) z. B. über das Heiratsalter der Buchdrucker, vergl. meine Arbeit: Beiträge zur Sozialstatistik der deutschen Buchdrucker in Volksw. Abhandl. der Badischen Hochsch., Band IV, Heft 4 S. 4 und 6.

[2]) Auf die städtische Agglomeration der Polygraphie wird noch a. a. Stelle hinzuweisen sein.

[3]) Sombart, Der moderne Kapitalismus Band II S. 237/38.

geben,[1]) auch ist gewiß: Land- und Kleinstädter suchen sich stets schadlos dafür zu halten, daß sie nicht Großstadtleben genießen können, aber trotzdem! Das „Mehr-los-sein“ in der Großstadt in Verbindung mit der steten Möglichkeit eines nicht unter Kontrolle stehenden (also) ungetrübten Genusses nach Erlangung dieser so begehrenswert erscheinenden großstädtischen Individualfreiheit: diese Momente sind es doch auch, welche lockend wirken und gar viele junge Leute in der Großstadt landen lassen.

Mir will ferner scheinen, daß eine Beziehung zwischen dem Zug der Eltern vom Lande zur Stadt und der Berufswahl der Kinder, wie bereits angedeutet, sehr wahrscheinlich ist. So ließen im polygraphischen Gewerbe die anerkannt günstigen, durch Tarife seit langem geregelten Lohnverhältnisse[2]) mit der beachtenswerten Chance des Aufsteigens

---

[1]) Ein Beispiel rein illustrativen Charakters möge hier angeführt sein: „Für das Verhalten der Mitglieder kleiner Landgemeinden, sagt Dr. Fuchs in seiner neuesten Arbeit über „die Verhältnisse der Industriearbeiter in 17 Landgemeinden bei Karlsruhe“, S. 202, deren Bevölkerung zumeist von der Geburt bis zum Tode an demselben Ort ansässig ist, bildet die Sitte und das Herkommen ein festes Gesetz. Alle achten darauf, daß nicht ein einzelner es übertrete. Wenn auch auf seiner Verletzung eine durch richterliche Erkenntnis ausgesprochene Strafe nicht ruht, das Urteil des Dorfes trifft den Übeltäter oft ungleich härter. In den kleinen Verhältnissen weiß ein jeder sich vom Nachbar und dem ganzen Dorfe beobachtet; er weiß, daß ein etwaiger Verstoß gegen das Herkommen sofort von der ganzen Gemeinde beurteilt wird; er wird auch nicht so rasch wieder vergessen als in der schnellebigen Großstadt. So erklärt es sich, daß Arbeiter und Arbeiterinnen, welche in Landgemeinden wohnen, trotz ihrer Berührung mit der großstädtischen Bevölkerung dennoch in ihrem Dorfe es kaum wagen, sich anders zu verhalten als die übrigen Dorfbewohner. Wenn ihnen dieser Zwang der Dorfsitte zu enge wird — und es ist dies häufig gerade bei den Intelligenteren der Fall — so wandern sie lieber nach der Stadt aus, als daß sie sich daheim dem Gerede der Leute aussetzen. Die gegenseitige Kontrolle, welche sich bis auf die intimsten Seiten des Privatlebens erstreckt, wirkt wohltätig auf charakterschwache Menschen; mancher Mann geht deshalb Werktags nicht ins Wirtshaus, weil er nicht als „Lump“ angesehen werden möchte. Andererseits wirkt aber dasselbe Moment dem Kulturfortschritt entgegen. Ein Arbeiter teilte mit, es sei in seiner Gemeinde nicht üblich, daß der Mann am Sonntag Nachmittag allein ausgehe und die Frau zu Hause lasse. Daß er selbst — er war lange Jahre in einer Großstadt beschäftigt — mit seiner Familie am Sonntag einen gemeinsamen Spaziergang mache und darnach samt den Seinigen eine Erfrischung genieße, falle auf und werde ihm als eine Schwäche ausgelegt.

Vergl. ferner: Dr. Hecht, Die Badische Landwirtschaft am Anfang des XX. Jahrh. Band VII, 1. Ergänzungsheft der Volkswirtschaftlichen Abhandlungen der Badischen Hochschulen, S. 152.

[2]) Über ältere Lohntarife vergl. u. a. „Beschlüsse der ersten National-Buchdruckerversammlung zu Mainz vom 11., 12., 13., 14. Juni 1848, Frankfurt a. M. 1848, S. 10/11. Ferner für die neuere Zeit: Deutscher Buchdruckertarif vom 1. Januar 1893; auch A. Gerstenberg, Die neuere Entwicklung im deutschen Buchdruckergewerbe Teil III S. 131 ff. Jena 1892.

zum Faktor, Korrektor usw., also in eine sozial höhere Klasse[1]), dieses allerdings heute stark überfüllte Gewerbe für die Lebensgestaltung des Sohnes besonders aussichtsvoll erscheinen.

Mußte nun dem Zug der günstigeren Erwerbsgelegenheit folgend oder aus anderen Gründen der Wohnort nach einer Mittel- oder Großstadt verlegt werden oder konnte dies ohne pekuniäre Opfer geschehen, so mag die Berufswahl u. a. auch unter der Signatur des Stadtmilieus gestanden haben, wohl ebenso bei der Wahl des spezifisch großstädtischen Tapeziergewerbes.

Dagegen wird wiederum die Ursache der größten Landgebürtigkeit der Metallarbeiter (Schlosser, Schmiede, Klempner usw.) durch den Umstand zu erklären sein, daß die Möglichkeit, die Lehrzeit in kleineren heimatlichen Schmieden, Schlosser- und Installationswerkstätten zu absovieren, auf dem Lande ebenso geboten ist, wie in Mittel- oder Großstädten, wo sich die Auslagen der Eltern für die Erhaltung des Sohnes oft wesentlicher erhöhen als das Mehr an nützlichen Kenntnissen desselben; zudem tritt im städtischen Betrieb die individuelle Ausbildung nicht selten auf Kosten der Lehrlingszüchterei zurück.

Soviel von Wechselwirkung zwischen Geburtsort — soweit solcher mit dem Aufenthaltsort in der Jugend zusammenfällt — und Wahl des unter gegebenen Verhältnissen zu ergreifenden Berufes, wobei natürlich auch den Individualanlagen, ferner der physischen Konstitution Rechnung getragen werden wird.

Aber was spreche ich von Aufenthaltsort in der Jugend! —

Bisher ist nur erwiesen, daß — um runde Zahlen zu nennen — 50% der ersten Generation auf dem Lande, 15% in der Großstadt, von der zweiten Generation nur 25% auf dem Lande, dagegen 48% in der Großstadt geboren sind.

Ausschlaggebend für die Frage nach der Militärtauglichkeit bestimmter sozialer Klassen ist vor allem die Beziehung zwischen Geburts- und Aufenthaltsort während der Jugendzeit, d. h. mindestens bis zum Eintritt in die Erwerbstätigkeit. Erst durch annähernde Identifizierung beider Orte während der intensivsten Entwicklungsperiode des menschlichen Organismus wird ersterem seine Fundamentalbedeutung für unser Problem zugewiesen.

Wie für den jungen Sprößling Licht, Luft, Feuchtigkeit und die befruchtende Wärme der Sonnenstrahlen die maßgebenden Voraus-

[1]) Vergl. meine graphische Darstellung der Berufsvererbung und das Aufsteigen einer Gruppe von Arbeitern in eine sozial höhere Klasse in der bereits erwähnten Arbeit: Beiträge zur Sozialstatistik im deutschen Buchdruckergewerbe S. 32.

setzungen einer gedeihlichen Entfaltung sind, so werden die Lebensbedingungen, das Klima des sozialen Milieus, welchem der heranreifende Jüngling unablässig ausgesetzt ist, auf seine seelische, körperliche, geistige Entwicklung nachhaltig einwirken. Verpflanzung des sich entfaltenden Kindes in das große wirtschaftliche Getriebe der Stadt, gleichbedeutend mit Verminderung von Luft und Licht, Steigerung der Nervenanspannung in der mit schnellerem Pulsschlag gehenden Großstadt, werden bei wesentlich gleichbleibender Lebenshaltung ungünstig auf den Gesamtorganismus wirken.

Die Grenze dieser stärksten Entfaltungsepoche ist flüssig; wer getraut sich hier zu schematisieren? — Wer aber will bestreiten, daß die physische und psychische Entwicklungskurve des Menschen bis zum 14. Lebensjahre und weiter bis zum 20. steigend verbleibt? —

Wenn nachstehend versucht wird, an Hand einiger Zahlenreihen die Frage nach dem hauptsächlichsten Aufenthalt beider Generationen während der Jugendzeit — mindestens zum 14. Jahre, dem üblichen Eintritt in die Erwerbstätigkeit — abzuhandeln, so wird damit nur ein weiteres primäres, von der Statistik noch erfaßbares Moment aus der Kette vieler veranschaulicht, freilich, wie mir scheinen will, eines der grundlegendsten während der menschlichen Entfaltung.

Das zur Beantwortung vorstehender Frage verfügbare Material beschränkt sich auf Berlin allein, umfaßt hier aber die weitaus größte Zahl der Erfragten, nämlich die der Buchdrucker und Metallarbeiter.[1]) (Vergl. Tabelle 1 S. 3.)

---

[1]) Der Hilfsfragebogen B, für diese beiden Arbeiterklassen ausgegeben, enthält diese wichtige Frage als Nr. 5 u. 6, vergl. S. 5. Leider ist eine Verminderung der brauchbaren Bogenzahl dadurch eingetreten, daß dieselbe bisweilen in dem Sinne gedeutet wurde, als ob gefragt worden wäre: „Hauptsächlichster Aufenthalt während der (statt: bis zum Eintritt in die) Erwerbstätigkeit“. So liest man — um nur zwei Beispiele anzuführen — bei älteren landgeborenen Arbeitern von etwa 50 Jahren als Antwort: „22 Jahre in Hamburg, vorher zehn Jahre in Hannover“ oder „seit 36 Jahren ununterbrochen in Breslau gewesen“. In beiden Fällen wird man ergänzend hinzufügen: Wo hielt sich denn der Arbeiter bis zum 14. resp. bis zum 18. Lebensjahre, also bis zum Eintritt in die Erwerbstätigkeit bezw. bis zur Vollendung der Lehrzeit auf? — Zweifelsohne verbrachten beide die Jugend auf dem Lande, wo sie geboren, jedoch wurde von der Verwendung derartiger Bogen aus guten Gründen Abstand genommen.

Auch die in Klammern gesetzten Worte: „Stadt oder Land, ungefähr wie lange“ haben bisweilen zu falschen Vorstellungen Anlaß gegeben und die richtige Antwort ließ sich nicht stets sofort erkennen.

So war z. B. der Vater eines Schlossers in Salzgitter, einem Ort im Reg.-Bezirk Hildesheim mit — im Jahre 1890 — *1778* Einwohnern, etwa im Jahre 1845 geboren. Die Frage 5 war nun wie folgt beantwortet: „Stadt Thorn — (übrigens der Geburtsort des Sohnes)

In den auf der folgenden Seite befindlichen Tabellen 12a und b ist nun nicht nur eine fünfklassige Gliederung gewählt, sondern ergänzend auch die in der Reichsstatistik vorhandene Scheidung der Klein- und Mittelstädte beigefügt worden.

Die Antwort auf die Frage nach dem hauptsächlichsten Aufenthalt bis zum Eintritt in die Erwerbstätigkeit muß an Hand dieser Zahlen dahin beantwortet werden, daß der weitaus größte Teil beider Generationen in demselben Milieu aufgewachsen ist, in dem er geboren.

Die Binnenwanderungen finden zumeist nach Vollendung der Schul- oder Lehrzeit statt — die Wehrfähigen bleiben wohl auch nach Ableistung ihrer Militärpflicht im Garnisonsorte — wobei Tempo der städtischen Zuwanderung sich als eine Funktion der Berufswahl darstellen mag.

Wenn es nunmehr gestattet ist, von dem Aufenthaltsort auf den Geburtsort zu schließen, so muß festgestellt werden, daß in beiden Generationen aus Kleinstädten z. T. erheblich mehr als aus Mittelstädten zu stammen scheinen, und gerade dieser Umstand wird bei den Tabellen über die Wehrfähigkeit selbst besonders zu berücksichtigen sein.

Die Tendenz eines starken Zuströmens in Klein-, Mittel- und Großstädte erkennen wir bereits bei den Vätern der Buchdrucker und von den Jüngern Gutenbergs selbst halten sich bereits 63,6% in Großstädten, 56,2% allein in der Reichshauptstadt auf.

Mit Recht bemerkt Petermann:[1]) „Buchdruck und Buchhandel waren von Anfang an auf die Großstädte hingewiesen und konnten nur in dem Maße sich auf die Kleinstädte und zuletzt aufs platte Land verbreiten, wie dieser Kreis sich erweiterte und zuletzt, infolge des allgemeinen Schulzwanges, die ganze der Kleinkinderschule entwachsene Bevölkerung umfaßte. — Trotz dieser modernen Konkurrenz der Kleinstädte und größeren Landgemeinden hat sich das Übergewicht der Großstädte[2]) in ihrer Bedeutung für Buchhandel und Buchdruck nicht etwa vermindert, sondern eher vermehrt.

— vom Jahre 1873. In Salzgittern „Stadt“ ungefähr neun Jahre alt, von dann bis zur Militärpflicht in „Stadt“ Tempelburg in Pommern, (1852 ca. *3000* Seelen; da 1816: 2040 und 1890: 4553 Einw.) in Bromberg, Provinz Posen, Soldat gewesen.“

Der hauptsächlichste Aufenthalt des Vaters bis zum Eintritt in die Erwerbstätigkeit war Salzgitter und Tempelburg, also das platte Land resp. Landstadt; trotzdem das Wort „Stadt“ besonders hervorgehoben wurde, erfolgte natürlich die Einreihung in die Klasse von 2—5000 Einwohnern.

[1]) Vergl. Th. Petermann, Die geistige Bedeutung der Großstädte, S. 213, in „Die Großstadt“, Dresden 1903.

[2]) und Universitäts-Mittelstädte: Tübingen, Jena, Heidelberg usw.!

Tabelle 12a.

Hauptsächlichster Aufenthalt der Väter der Berliner Arbeiter bis zum Eintritt in die Erwerbstätigkeit (soweit angegeben)

Aufenthalt in Orten mit....Einwohnern	Beruf der Söhne: Metallarbeiter		Beruf der Söhne: Buchdrucker		Summe	
	abs. Z.	%	abs. Z.	%	abs. Z.	%
bis 2000	74	43,8	126	27,3	200	31,7
2000—5000	20	11,8	53	11,4	73	11,6
5000—100000	37	21,9	157	34,0	194	30,7
100000 und mehr (ohne Berlin)	—	—	6	1,3	6	1,0
Berlin	38	22,5	120	26,0	158	25,0
	169 [1])	100,0	462 [2])	100,0	631	100,0

Erste Generation.

Aufenthalt in Orten mit....Einwohnern	Beruf der Söhne: Metallarbeiter		Beruf der Söhne: Buchdrucker	
	abs. Z.	%	abs. Z.	%
5—20000	20	11,8	98	21,2
20—100000	17	10,1	59	12,8
	37	21,9	157	34,0

[1]) unbrauchbar 9 Bogen
[2]) unbrauchbar 77 Bogen

Tabelle 12b.

Hauptsächlichster Aufenthalt der Berliner Metallarbeiter und Buchdrucker bis zum Eintritt in die Erwerbstätigkeit (soweit angegeben)

Aufenthalt in Orten mit....Einwohnern	Beruf: Metallarbeiter		Beruf: Buchdrucker		Summe	
	abs. Z.	%	abs. Z.	%	abs. Z.	%
bis 2000	30	17,0	37	7,2	67	9,7
2000—5000	13	7,4	32	6,3	45	6,5
5000—100000	42	23,9	117	22,9	159	23,1
100000 und mehr (ohne Berlin)	8	4,5	38	7,4	46	6,7
Berlin	83	47,2	288	56,2	371	54,0
	176 [1])	100,0	512 [2])	100,0	688	100,0

Zweite Generation.

Aufenthalt in Orten mit....Einwohnern	Beruf: Metallarbeiter		Beruf: Buchdrucker	
	abs. Z.	%	abs. Z.	%
5—20000	24	13,6	71	13,9
20—100000	18	10,2	46	9,0
	42	23,9	117	22,9

[1]) unbrauchbar 2 Bogen
[2]) unbrauchbar 27 Bogen

In Wirklichkeit haben sie nämlich nicht nur ihre Superiorität bewahrt, sondern zugleich durch das kolossale Wachstum ihrer Bevölkerung als Märkte für die Produkte der Druckpresse weit raschere Fortschritte gemacht, als das übrige Land.“

Bei den Vätern der Metallarbeiter finden wir sogar die befremdende Tatsache, daß sich einige mehr auf dem Lande aufhalten, wie dort geboren. Dies mag lediglich Zufall sein, vielleicht auch mit der Erwerbsgelegenheit der Väter oder ihrer Söhne zusammenhängen. Die Binnenwanderungen der Metallarbeiter selbst scheinen sich aus oben angedeuteten Gründen etwas langsamer zu vollziehen, sind aber ebenfalls sehr deutlich erkennbar. Das Zahlenergebnis hätte sich wohl noch wesentlich günstiger gestaltet, wenn das gesamte Material — für die erste Generation mußte $^{1}/_{8}$ aller Bogen ausgeschieden werden — verwendbar gewesen wäre.

Nach Tabelle 12a und b dürfte man berechtigt sein, auch für die Tapezierer anzunehmen, daß Geburts- und Hauptaufenthaltsort mindestens bis zur Lehrzeit im allgemeinen identifiziert werden dürfen. Fassen wir nochmals die Summe beider Berufe in den zwei Generationen zusammen und vergleichen dieselben mit den entsprechenden Zahlen der Gebürtigkeit.

a) Aufenthalts- und Geburtsort der Väter der Berliner Metallarbeiter und Buchdrucker.

Erste Generation.

in Orten	Aufenthaltsort		Geburtsort	
	der Väter der Arbeiter			
mit . . . Einwohnern	abs. Z.	%	abs. Z.	%
bis 5000	273	*43,3*	353	*49,4*
5000—100000	194	*30,7*	239	*33,4*
100000 und mehr	164	*26,0*	123	*17,2*
	631	*100,0*	715	*100,0*

b) Aufenthalts- und Geburtsort der Berliner Metallarbeiter und Buchdrucker.

Zweite Generation.

in Orten	Aufenthaltsort		Geburtsort	
	der Arbeiter selbst			
mit . . . Einwohnern	abs. Z.	%	abs. Z.	%
bis 5000	112	*16,3*	152	*21,2*
5000—100000	159	*23,1*	182	*25,4*
100000 und mehr	417	*60,6*	383	*53,4*
	688	*100,0*	717	*100,0*

Die größeren absoluten Zahlen schließen wohl die von Zufälligkeiten bedingten Fehler aus und gewähren ein charakteristisches Bild. Bei den Klein- und Mittelstädten gleichen sich Zu- und Abfluß am meisten aus. Eine größere Stabilität der Seßhaftigkeit mag hier mitspielen und u. a. dadurch zu erklären sein, daß diese Städte immerhin breiteren Schichten gewerblicher Arbeiter eine nicht ungünstige Erwerbsgelegenheit bieten, so daß für die dort Geborenen und — wie wir nunmehr ergänzend hinzufügen dürfen — auch meist daselbst Aufgewachsenen — die Chance des Verbleibens am Orte größer ist als für die Landgeborenen, die ein städtisches Gewerbe oder Handwerk als Beruf erwählt haben.

„Über die Art und Weise, wie sich ‚der Zug nach der Stadt' gestaltet," sagt Sombart im Modernen Kapitalismus II. Kapitel 11, „wissen wir jetzt folgendes:

1. Die Zuwanderung erfolgt tunlichst in die nächstgelegene Stadt, die Wanderstrecken sind kurz; die Fremdgebürtigen entstammen meist der umliegenden Landschaft (Provinz, Grafschaft usw.).

2. Die Wanderung erfolgt vielfach staffelweise, vom Lande in die Kleinstadt, aus dieser in die Mittel- und Großstädte.

3. Der Qualität nach gehören insbesondere die in die Großstadt einwandernden Personen, entweder den obersten Schichten der gelernten Arbeiter oder den völlig ungelernten Arbeitern (Tagelöhnern, Mädchen) an; erstere liefern die Klein- und Mittelstädte, letztere das Land.

4. Die Zuwanderung erfolgt meist im jugendkräftigen Alter, insbesondere zwischen 20 und 25 Jahren; die Folge ist eine Verschiebung des Altersaufbaues in den Städten zugunsten der produktiven Altersklassen.

5. Die Zuwandernden sind mehr ledig als verheiratet; daher die Städte eine überdurchschnittliche Besetzung der Gruppe der Ledigen aufweisen."

So bescheiden auch in quantitativer Hinsicht unser Material ist: obige Art der Gestaltung des „Zuges nach der Stadt" läßt sich größenteils aus unseren Tabellen, namentlich unter Zuhilfenahme beider Generationen, unschwer ablesen.

ad 1. Hier kann ohne weiteres auf Tabelle 4 und 5 verwiesen werden, woselbst das Wichtigste über das Rekrutierungsgebiet der Eingewanderten gesagt ist.

ad 2. Die häufig aufgestellte Behauptung der staffelförmigen Abwanderung vom platten Lande nach den Klein- und Mittel-, dann nach den Großstädten läßt sich in keiner der beiden Generationen erkennen. Eher scheinen die Zahlen in den Tabellen S. 32 auf ein Abströmen der Landbevölkerung direkt zur Großstadt hinzuweisen.

ad 3. Vorausgreifend Tabelle 17a Spalte 4 betrachtend, können wir auch an unserem Material erkennen, daß es insbesondere Qualitätsarbeiter einerseits — nämlich Beamte und gelernte Arbeiter der Großindustrie: 15,6%, Handwerker aller Art einschl. Kunsthandwerker: 45,3% —, Gelegenheitsarbeiter (11,1%) andererseits sind, welche sich der Mittel-, besonders aber der Großstadt zuwenden. Dazu dürfte sich dann ein häufig den Wohnort wechselnder Beamtenstand (10,2%) gesellen. Ob Lieferant der obersten Schichten der gelernten Arbeiter die Klein- und Mittelstädte, der ungelernten Arbeiter aber das Land ist, läßt sich aus unserem Material nicht ermitteln.

ad 4. Die Tabellen 12a und b und die auf S. 32 haben indirekt den Beweis erbracht, daß die Wanderungen vorwiegend erst nach Vollendung der Schul-, meist auch der Lehrzeit, also im jugendkräftigsten Alter stattfinden. „Die Folge ist," sagt Sombart weiter, „eine Verschiebung des Altersaufbaues in den Städten zugunsten der produktiven und — wie wir hinzufügen wollen, da für uns von besonderem Interesse — auch zugunsten der wehrpflichtigen Altersklassen, unter denen die Zahl der Militärtauglichen besonders hoch ist. Doch das wird erst zu beweisen sein. —

IV. Die Wehrfähigkeit zweier Generationen nach der Herkunft derselben.

Die Art der Erfragung: war der Vater des Arbeiters Soldat, resp. war der Arbeiter Soldat, schließt eine detaillierte Gliederung, wie sie im § 28 der deutschen Wehrordnung vom 22. Juli 1901 enthalten ist, aus.

Nur das endgültige Resultat der Entscheidung ist erkennbar, nämlich

a) ob eine Aushebung für einen Truppen- oder Marineteil stattgefunden hat,

oder b) ob die Ausschließung resp. Ausmusterung vom Dienste im Heere oder in der Marine, die Überweisung zum Landsturm oder endlich zur Ersatzreserve bezw. Marine-Ersatzreserve erfolgt ist.[1])

---

[1]) Königl. bayr. Hauptmann O. Staubwasser fordert in einem im vergangenen Jahre in der Zeitschrift für Agrarpolitik, II. Jahrg. No. 7 erschienenen Artikel, betitelt: „Gedanken

Zur Ersatzreserve aber gehören:

1. diejenigen Personen, welche zum Dienst im stehenden Heere tauglich befunden, aber als „Überzählige“ bis zu dem auf das 3. Militärpflichtjahr folgenden 1. Februar nicht zur Einstellung gelangt sind;

2. a) solche Personen, welche häuslicher Verhältnisse wegen nicht ausgehoben wurden;

b) die, welche wegen geringer körperlicher Fehler nur bedingt tauglich befunden und aus diesem Grunde von der Ableistung der aktiven Dienstpflicht befreit werden;

c) endlich diejenigen Militärpflichtigen, welche wegen zeitlicher Dienstuntauglichkeit zurückgestellt worden sind und auch im dritten Militärpflichtjahre noch zeitig untauglich befunden werden, deren Kräftigung aber während der nächstfolgenden Jahre in dem Maße zu erwarten ist, daß sie den Anstrengungen des Dienstes gewachsen sind.

Wie steht es nun mit der Zahl der „Überzähligen“, die von mir nicht erfaßt werden konnte, also in der Gruppe der „Nichtgedienten“ zu finden ist? Für die erste Generation, die Väter der Arbeiter, fehlen mir zwar Vergleichszahlen, jedoch kann die Summe der „überzähligen“ Dienstuntauglichen nicht erheblich gewesen sein, zumal trotz der Kriege 1864, 66 und 70/71, die zum überwiegenden Teil in die Dienstzeit oder doch in die Periode der Landwehrzeit dieser Arbeiter fallen, damals weniger Leute ausgehoben wurden, als in gegenwärtiger Friedenszeit.

Bei der zweiten Generation sei vorausgeschickt, daß einzelne Arbeiter — im ganzen etwa 3 bis 4 — auf deren Fragebogen „Ersatzreserve mit Übung“ vermerkt war, als „Gediente“ angeführt wurden.

---

und Vorschläge eines Offiziers zu den Erhebungen über die Bedeutung der ländlichen Bevölkerung für die Wehrkraft“, eine Ergänzung der bisherigen Statistik durch eine „Truppenstatistik“. Es dürfte zu weit gehen, an dieser Stelle auf die beachtenswerten Ausführungen einzugehen und die Momente abzuwägen, welche für oder wider eine solche Statistik der lediglich eine Auslese darstellenden Truppen sprechen; jedenfalls hat Hauptmann Staubwasser recht, wenn er sagt: „Es ist ein Trugschluß, wenn mit den Entscheidungen der Oberersatzkommission beim Aushebungsgeschäfte eine sichere Grundlage für die Tauglichkeitsstatistik gewonnen sein will . . . Treffen ja doch eine Anzahl der Einzustellenden bei den Truppenteilen gar nicht ein! Werden ja doch vom Truppenteile selbst beim Einrücken und in den ersten Wochen darauf eine erhebliche Anzahl Rekruten aus Gesundheitsrücksichten wieder zurückgeschickt! All diese Leute würden aber, bei den Tauglichen in Abzug gebracht, eine ganz bedeutende Verschiebung der Prozentzahlen herbeiführen — wahrscheinlich sehr zu ungunsten des weniger zähen und kräftigen Teiles unserer Bevölkerung. Nur von dem, der seine ein, zwei bezw. drei Jahre aktiv bei der Fahne gedient hat und dann als gesunder Mensch, ohne Versorgungsansprüche zu erheben, in die Reserve übertritt, kann man behaupten, daß er tauglich war.“ Es leuchtet ohne weiteres ein, daß diese hier angeführten Fehler durch unsere Erhebungsart vermieden worden sind.

Von 100 endgültig Abgefertigten waren ferner der Ersatzreserve bezw. der Marineersatzreserve zugewiesen worden:

	im deutschen Reiche	in Berlin
1896	17,66	7,52
1897	17,56	5,72
1898	18,08	6,57
1899	17,02	5,71
1900	16,92	5,96
1902	15,98	7,48

In den achtziger Jahren waren von den Abgefertigten noch etwa 1,3% überzählig. Im Jahre 1900 wurden von den abgefertigten Militärpflichtigen im Deutschen Reiche 233459 Mann ausgehoben, 80986 der Ersatzreserve und 1130 der Marineersatzreserve überwiesen, dagegen sind nur 1276 Überzählige = 0,4% vorhanden gewesen. Von diesen letzteren entfallen über die Hälfte auf das württembergische XIII. Armeekorps, auf alle übrigen 22 einschließlich der drei bayrischen 629 Mann![1])

Auch die Zahl der häuslicher Verhältnisse wegen befreiten Gestellungspflichtigen ist sehr gering, und man wird kaum den Vorwurf erheben können, daß die Resultate durch Vernachlässigung der tauglichen Ersatzreservisten an Wert Einbuße erleiden, zumal diejenigen, welche noch nachträglich aus irgend einem Grunde ihrer Dienstpflicht genügen mußten, wieder unter den „Gedienten" erscheinen müssen.

1. Die Wehrfähigkeit der Väter der Arbeiter.

Die bereits bei der Feststellung der Gebürtigkeit gewählte Drei-Klasseneinteilung wurde auch hier wieder zugrunde gelegt, doch nicht ohne schwere Bedenken. — Denn wo hören die günstigen Wirkungen des Landlebens auf, wo setzen die Nachteile des Stadtlebens ein, und zu welcher Zeit beginnen die Wandlungen erkennbar zu werden? — Ist vor 50, 60 Jahren der Aufenthalt in einer Klein-, ja sogar Mittelstadt bisweilen nicht — schon vom hygienischen Standpunkte aus — dem des flachen Landes vorzuziehen gewesen?

In der Tat, das großstädtische Leben bildet „einen tiefen Gegensatz gegen die Kleinstadt und das Landleben, mit dem langsameren gewohnteren, gleichmäßiger fließenden Rhythmus ihres sinnlich geistigen Lebensbildes", aber zahllose temporär wirkende wirtschaftliche, psychologische und soziologische Moment wirken hier zusammen, um überhaupt jed-

[1]) Vergl. die Bedeutung des landwirtsch. Berufs für die Wehrkraft des Deutschen Reiches. Anlage IV S. 89.

weden Versuch einer exakten Scheidung zu vereiteln! Die Zusammenziehung von Klein- und Mittelstädten zu einer Klasse war unter den gegebenen Verhältnissen unvermeidbar, hätte doch eine nochmalige Spaltung dieses nicht eben zahlreichen Materials ein Fiasko gezeitigt.

So kann es keinesfalls wundernehmen, daß von der ersten Generation die aus Klein- und Mittelstädten Gebürtigten, sowohl in Nordwestdeutschland wie in Sachsen, etwas mehr gedient haben, wie von den vom flachen Lande oder den Landstädten stammenden, wozu noch als wesentliches Moment kommt, daß in Nordwestdeutschland von den „gedienten“ Arbeitern 41,2%, von den „nicht gedienten“ 39,5% und in Sachsen sogar 50,3% resp. 48,5% aus Kleinstädten mit 5—20000 Einwohnern stammen.

Bedenkt man ferner, daß noch vor einem halben Jahrhundert auch in den Mittelstädten das Alltagsleben in wesentlich stillerem Tempo dahinfloß, der Nervenverbrauch geringer war wie heutigentages, daß der Gravitationspunkt des ganzen Handels- und Verkehrslebens mehr denn jetzt in der Großstadt zu suchen war, so wird man verstehen, daß hier typische Unterschiede zwischen dem Land einerseits, Klein- und Mittelstadt andererseits kaum zu erwarten waren. (Vergl. Tabelle 13.)

Um so schärfer hebt sich die geringe Diensttauglichkeit der damaligen Großstädter[1]) von den beiden übrigen Gruppen ab.

Die Zahlen sind nicht eben groß, doch beim Zusammenfassen von Nordwestdeutschland und Sachsen zu „Mitteldeutschland“ ergibt sich folgendes charakteristische Bild:

Mitteldeutschland.

Größe der Geburtsorte	Es haben gedient		Es haben nicht gedient	
	abs. Z.	%	abs. Z	%
bis 5000 Einwohner	225	*41,7*	314	58,3
5000—100000 Einwohner	143	*42,6*	193	57,4
100000 und mehr Einwohner	42	35,3	77	64,7

Es haben also gedient: Landgebürtige, Klein- und Mittelstädter zusammen 42,1%; Großstädter, d. h. hier vorwiegend Hamburger und Dresdener, 35,3, somit *6,8*% weniger.

Wesentlich anders gestalten sich die Berliner Resultate (vergl. Tab. 14). Zunächst wurde analog der Gebürtigkeitstabelle wieder ver-

[1]) „Großstädte“ bedeutet für Nordwestdeutschland: Hamburg ca. 75% + 25% aus Köln, Berlin, Breslau, Dresden, auch zwei Ausländer; für Sachsen: Dresden ca. 72% + 28% aus Breslau, Hamburg, München, Berlin, ferner vier Ausländer; für Berlin: ca. 87% + 13% aus den übrigen fünf Großstädten nebst fünf Ausländern.

Tabelle 13.

Die Wehrfähigkeit der Väter der Arbeiter nach Herkunft derselben.[1] Erste Generation.

Größe der Geburtsorte (Einwohner)	Es haben in															
	Nordwestdeutschland				Sachsen				Berlin zusammen				ganz Norddeutschland zusammen			
	gedient		nicht gedient		gedient		nicht gedient		gedient		nicht gedient		gedient		nicht gedient	
	abs. Z.	%	abs. Z.	%	abs. Z.	%	abs. Z.	%	abs. Z.	%	abs. Z.	%	abs. Z.	%	abs. Z.	%
bis 5000 .... (Landu.Landstädte)	106	41,4	150	58,6	119	42,1	164	57,9	239	52,4	217	47,6	464	46,6	531	53,4
5000—100000 ... (Klein- u. Mittelst.)	69[2]	41,8	96	58,2	74	43,3	97	56,7	133	41,1	191	58,9	276	41,8	384	58,2
100000 und mehr. (Großstädte)	25[3]	36,2	44	63,8	17	34,0	33	66,0	69	41,6	97	58,4	111	38,9	174	61,1

[1]) Soweit angegeben. [2]) Davon ein Hamburger Bürgergardist. [3]) Davon drei Hamburger Bürgergardisten.

Tabelle 15.

Die Wehrfähigkeit der Arbeiter nach Herkunft derselben. Zweite Generation.

Größe der Geburtsorte (Einwohner)	Es haben in:															
	Nordwestdeutschland				Sachsen				Berlin zusammen				ganz Norddeutschland[1]) zusammen			
	gedient		nicht gedient		gedient		nicht gedient		gedient		nicht gedient		gedient		nicht gedient	
	abs. Z.	%	abs. Z.	%	abs. Z.	%	abs. Z.	%	abs. Z.	%	abs. Z.	%	abs. Z.	%	abs. Z.	%
bis 5000 .... (Landu.Landstädte)	51	35,7	92	64,3	42	29,6	100	70,4	95	43,2	125	56,8	188	37,2	317	62,8
5000—100000 ... (Klein- u. Mittelst.)	35	27,1	94	72,9	30	23,6	97	76,4	102	40,8	148	59,2	167	33,0	339	67,0
100000 und mehr. (Großstädte)	45	20,8	171	79,2	59	26,7	162	73,3	178	36,1	315	63,9	282	30,3	648	69,7

[1]) Unbrauchbar 41 resp. 48 resp. 29 Bogen.

Tabelle 14.

a) Die Wehrfähigkeit der Väter der Berliner Arbeiter nach Herkunft derselben (soweit angegeben).

Größe der Geburtsorte (Einwohner)	Beruf der Söhne															
	1. Tapezierer				2. Buchdrucker				3. Metallarbeiter				Summe			
	Es haben				Es haben				Es haben				Es haben			
	gedient		nicht gedient		gedient		nicht gedient		gedient		nicht gedient		gedient		nicht gedient	
	abs. Z.	%	abs. Z.	%	abs. Z.	%	abs. Z.	%	abs. Z.	%	abs. Z.	%	abs. Z.	%	abs. Z.	%
bis 2000	40	57,1	30	42,9	93	53,1	82	46,9	34	47,2	38	52,8	167	*52,7*	150	47,3
2000—5000	19	54,3	16	45,7	40	50,6	39	49,4	13	52,0	12	48,0	72	*51,8*	67	48,2
5000—100 000	41	47,7	45	52,3	76	40,0	114	60,0	16	33,3	32	66,7	133	41,1	191	58,9
100 000 und mehr (d. h. ca. 87% „Berlin")	20	46,5	23	53,5	38	40,9	55	59,1	11	(36,7)	19	(63,3)	69	41,6	97	58,4

b) Zusammengezogen. Erste Generation.

Größe der Geburtsorte (Einwohner)	Beruf der Söhne															
	1. Tapezierer				2. Buchdrucker				3. Metallarbeiter				Summa			
	Es haben				Es haben				Es haben				Es haben			
	gedient		nicht gedient		gedient		nicht gedient		gedient		nicht gedient		gedient		nicht gedient	
	abs. Z.	%	abs. Z.	%	abs. Z.	%	abs. Z.	%	abs. Z.	%	abs. Z.	%	abs. Z.	%	abs. Z.	%
bis 5000	59	*56,2*	46	43,8	133	*52,4*	121	47,6	47	*48,5*	50	51,5	239	*52,4*	217	47,6
5000—100 000	41	*47,7*	45	52,3	76	*40,0*	114	60,0	16	*33,3*	32	66,7	133	*41,1*	191	58,9
100 000 und mehr (d. h. Berlin + 13,3% andere)	20	*46,5*	23	53,5	38	*40,9*	55	59,1	11	(36,7)	19	(63,3)	69	*41,6*	97	58,4

sucht, die Bewohner des platten Landes von den Landstädten zu trennen, doch mit wenig Erfolg; nur bei der Summe aller Erfragten ergibt sich eine geringe Tauglichkeitsdifferenz zugunsten der Landbewohner, 52,7% gegen 51,8%. — „Großstädter" ferner ist hier fast gleichbedeutend mit „Berliner", so daß eine weitere Spaltung der dritten Klasse unmöglich war.

Bei den Vätern der Tapezierer finden wir eine gleichmäßige Abstufung der Tauglichkeit nach der Größe der Geburtsorte, nicht so bei den Vätern der Buchdrucker, wo im Gegenteil die Großstädter um ein geringes (0,9%) mehr Gediente aufweisen, als die Klein- und Mittelstädter. Ein Grund dafür ist schlechterdings nicht erkennbar, und man wird es hier dank des zu kleinen Materials mit einem Zufall zu tun haben; für die Väter der Metallarbeiter sind die absoluten Zahlen überhaupt zu gering, um Schlußfolgerungen zuzulassen.

Faßt man die Berliner Ergebnisse zusammen, so bleibt nur der überall bestehende starke Unterschied zwischen der Zahl der Landgedienten gegenüber der Stadtgedienten. Dieser ist allerdings bedeutend, er beträgt *11*%.

So wenig bestritten werden kann, daß Anomalien lokaler und temporärer Natur einen wesentlichen Einfluß auf die Einzelresultate gewinnen, so gewiß wird man mit dem Umstande rechnen dürfen, daß diese Momente bei genügend großem Material eliminiert und kompensiert werden. Die ausgleichende Wirkung „des Gesetzes der großen Zahlen" tritt dann erst in Kraft. Werden alle von der Erhebung erfaßten Gebiete unter „Norddeutschland" vereinigt, so ergibt das Endresultat für die erste Generation eine dem Steigen der Geburtsortsgröße der Erfragten entgegengesetzte systematische Abstufung der Militärtauglichkeit, welche besagt: schon vor einem halben Jahrhundert sind typische Milieudifferenzierungen von wesentlichem Einfluß auf die physische Qualität der Individuen gewesen, welche sich in der Wehrfähigkeit der Bevölkerung unzweideutig wiederspiegeln.

2. Die Wehrfähigkeit der Arbeiter.

Gehen wir zur zweiten Generation, zu den direkt durch die Erhebung erfragten Arbeitern über, so haben wir, wie Tabelle 15 (S. 38) veranschaulicht, bei den Ergebnissen für Nordwestdeutschland sogleich ein starkes Fallen der Wehrfähigkeit in dem Maße, wie die Größe der Geburtsorte steigen, zu verzeichnen; nicht so einfach aber liegen die Verhältnisse für Sachsen.

Sowohl Königreich wie Provinz Sachsen hat im Gegensatz zu

Schleswig-Holstein und Hannover sehr viele Kleinstädte und auch doppelt soviel Mittelstädte wie letztgenannte Provinzen.

Denn es gab:

Staaten und Landesteile	Kleinstädte 5—20000 Einwohner		Mittelstädte 20—100000 Einwohner	
	im Jahre 1880	im Jahre 1900	im Jahre 1880	im Jahre 1900
in Provinz Schleswig-Holstein	19	20	3	3
„ „ Hannover	25	26	3	9
Summa:	*44*	46	*6*	12
in der Provinz Sachsen	35	36	7	13
im Königreich Sachsen	71	97	7	11
Summa:	*106*	133	*14*	24

In den sächsischen Klein- und Mittelstädten sind seit langem die Fabrikzentren, die Hochburgen der Maschinenindustrie des Landes zu finden; aber die sozialen und hygienischen Institutionen der Neuzeit mögen hier zur Jugendzeit dieser Generation — etwa in den 60er bis Anfang der 80er Jahre — noch wenig Eingang gefunden haben. In diesem Falle mag es, wenn man nicht direkt auf dem flachen Lande wohnte, von geringerem Nachteil gewesen sein, in einer der — sagen wir drei — damaligen Großstädte: Dresden, Leipzig, Magdeburg zu leben, als zwischen den Schloten und Fabrikmauern der sanitär modernen Anforderungen noch wenig entsprechenden Klein- und Mittelstädte. Mir will scheinen, daß deshalb Sachsen mit der geringen Militärtauglichkeit derjenigen, welche aus Orten mit 5—100000 Einwohnern stammen, isoliert dasteht.

Fassen wir Nordwestdeutschland und Sachsen wieder unter „Mitteldeutschland“ zusammen, so wird diese Erscheinung durch das größere Zahlenmaterial ausgeglichen, und wir erhalten die nun schon als typisch erkennbare Abstufung der Tauglichkeit gemäß dem Steigen der Größe der Geburtsorte:

Mitteldeutschland zusammen. Beruf dieser Arbeiter: Tapezierer.

Größe der Geburtsorte	Es haben gedient		Es haben nicht gedient	
	abs. Z.	%	abs. Z.	%
bis 5000 Einwohner	93	*32,6*	192	67,4
5000—100000 Einwohner	65	*25,4*	191	74,6
100000 und mehr Einwohner	104	*23,8*	333	76,2

Das Material der Berliner erfragten Arbeiter in fünf Ortsgrößen-

Tabelle 16.

a) Die Wehrfähigkeit der Berliner Arbeiter nach Herkunft derselben.

Größe der Geburtsorte (Einwohner)	Beruf der Arbeiter															
	1. Tapezierer				2. Buchdrucker				3. Metallarbeiter				Summa			
	Es haben				Es haben				Es haben				Es haben			
	gedient		nicht gedient		gedient		nicht gedient		gedient		nicht gedient		gedient		nicht gedient	
	abs. Z.	%	abs. Z.	%	abs. Z.	%	abs. Z.	%	abs. Z.	%	abs. Z.	%	abs. Z.	%	abs. Z.	%
bis 2000	20	37,0	34	63,0	22	40,0	33	60,0	19	51,4	18	48,6	61	41,8	85	58,2
2000—5000	5	(35,7)	9	64,3	19	46,3	22	53,7	10	52,6	9	47,4	34	45,9	40	54,1
5000—100000 ...	21	30,9	47	69,1	67	45,6	80	54,4	14	40,0	21	60,0	102	40,8	148	59,2
100000 und mehr (ohne Berlin)...	6	(23,1)	20	76,9	16	41,0	23	59,0	4	(44,4)	5	55,6	26	35,1	48	64,9
Berlin...........	19	22,6	65	77,4	108	42,0	149	58,0	25	32,0	53	68,0	152	36,3	267	63,7

b) Zusammengezogen.

Zweite Generation.

Größe der Geburtsorte (Einwohner)	Beruf der Arbeiter															
	1. Tapezierer				2. Buchdrucker				3. Metallarbeiter				Summa			
	Es haben				Es haben				Es haben				Es haben			
	gedient		nicht gedient		gedient		nicht gedient		gedient		nicht gedient		gedient		nicht gedient	
	abs. Z.	%	abs. Z.	%	abs. Z.	%	abs. Z.	%	abs. Z.	%	abs. Z.	%	abs. Z.	%	abs. Z.	%
bis 5000	25	*36,8*	43	63,2	41	*42,7*	55	57,3	29	*51,8*	27	48,2	95	43,2	125	56,8
5000—100000 ...	21	*30,9*	47	69,1	67	*45,6*	80	54,4	14	*40,0*	21	60,0	102	40,8	148	59,2
100000 und mehr. (davon mehr als 5/6 aus Berlin)	25	*22,7*	85	77,3	124	*41,9*	172	58,1	29	*33,3*	58	66,7	178	36,1	315	63,9

klassen geteilt, läßt typische Resultate — schon der zu gering besetzten ersten beiden Klassen wegen — nicht erkennen (vergl. Tabelle 16a). Erst durch Zusammenziehen der ersten und letzten zwei Klassen gewinnen wir brauchbare Ergebnisse (Tabelle 16b), die nur bei dem Zahlenaufbau für die Tauglichkeitsverhältnisse der Buchdrucker eine Abweichung zeigen, und zwar stellt sich hier die Tauglichkeit der Klein- und Mittelstädte günstiger dar, als die der Landgeborenen einschließlich der Landstädter. Wir ersehen daraus von neuem, daß die Grenze zwischen Land- und Kleinstadt flüssig ist, „wie unter der landgeborenen wie stadtgeborenen Bevölkerung sich selbstverständlich große Unterschiede bemerkbar machen, die auf Rasse, allgemeine Wirtschaftsbedingungen, Wohlstandsverhältnisse usw. zurückzuführen sind.“[1]) Hier mag z. B. ein Ausleseprozeß gerade bei den Buchdruckern, deren Lebenshaltung sich der des unteren Mittelstandes nähert, nicht ausgeschlossen erscheinen. Die ungünstigste Militärtauglichkeit finden wir jedoch auch hier für alle Großstädter (41,9). Die Tauglichkeitsdifferenzen zwischen den einzelnen drei Klassen sind aber im polygraphischen Gewerbe — das sei hier schon hervorgehoben — bei weitem nicht so groß, wie bei den Tapezierern und Metallarbeitern, wo sie 14,1 bezw. sogar 18,5% zwischen den Landgeborenen einerseits und den Großstadtgeborenen andrerseits betragen. — Auf die Begründung dieser Erscheinung wird bei den nun folgenden Untersuchungen über den Einfluß des Berufes auf die Wehrfähigkeit zurückzukommen sein.

Die relative Tauglichkeitszahl aller Berliner Arbeiter zusammen zeigt ebenso wie die von „ganz Norddeutschland“ wiederum die charakteristische Abstufung der prozentualen Militärtauglichkeit gemäß dem Steigen der Geburtsortgröße der Erfragten: *43,2*[2]) — *40,8* — *36,1*.

---

[1]) Vergl. Serings Referat im Archiv des deutschen Landwirtschaftsrat, XXVIII. Jahrgang, Seite 287.

[2]) Hier sei noch ein Wort über die mehrfach erwähnten Ergebnisse des Heeresergänzungsgeschäftes vom Jahre 1902 beigefügt, welche eine Betrachtung der Berliner Verhältnisse — immer im Rahmen der zu grob gegliederten Erhebungen — besonders gestatten.

Die Tauglichkeitsziffer (Prozentsatz der Tauglichen unter den Abgefertigten) der in Berlin (Stadt) Abgefertigten betrug nach Serings Tabelle III 2:

a) für die auf dem platten Lande Gebürtigten: 39,9,

b) für die in Orten von mehr als 2000 Einwohnern Gebürtigten: 33,1.

Vergleicht man diese Resultate mit den unsrigen, so erkennt man: die landgeborenen Tauglichen stellen sich bei uns um 3,3% günstiger, vor allem wohl, weil der Begriff „Landgeborene“ — kaum mit Unrecht — auch auf die Landstädte (2000—5000 Einwohner) ausgedehnt wurde. Aber, daß die Tauglichkeitsverhältnisse sogar der in Berlin selbst Gebürtigten in unserer Statistik besser abschneiden (36,1%), muß lediglich dem in unserem Material stark vertretenen und gleichzeitig eine Auslese darstellenden polygraphischen Gewerbe zugeschrieben werden (41,9%! gegen 22,7 und 33,3).

Man wird nach diesen Ergebnissen nicht zu weit gehen, wenn man formuliert: Ohne Rücksicht auf den Beruf stellen im allgemeinen die Landgeborenen mehr Wehrfähige als die Klein- und Mittelstädter, diese aber wieder mehr Taugliche als die Großstädter.

Auch unberücksichtigt des relativ kleinen absoluten Einzelmaterials ist ein bedeutender Unterschied zwischen der Militärtauglichkeit der Landgeborenen gegenüber derjenigen der Großstädter in jedem Falle nachweisbar.

Da die Untersuchungen sich über zwei aufeinander folgende Generationen erstrecken, erbringen sie den Beweis, daß diese Resultate für mehr als ein halbes verflossenes Jahrhundert Geltung behalten.

V. Berufsarten und soziales Milieu beider Generationen.

Der fundamentale Einfluß des Geburtsortes auf die Tauglichkeitsverhältnisse verschiedener deutscher Gebiete, sofern dieser auch mit dem Aufenthalt wenigstens bis zum Eintritt in die Erwerbstätigkeit identifiziert werden kann, dürfte aus vorstehenden Tabellen zur Genüge ersichtlich sein; eine weitere nicht minder wichtige Frage ist: welche Bedeutung gewinnt die berufliche Tätigkeit auf die Tauglichkeitsquote derselbigen oder auf die der folgenden Generation?

1. Die Berufsarten der Väter der Arbeiter.

Tabelle 17a und b lehrt uns: Die Väter der Erfragten sind vorwiegend Handwerker: 43,4%; gelernte und ungelernte Arbeiter der Großindustrie: 12,8% resp. 11,1%, sowie Subalternbeamte aller Art: 10,2%. Handel und Gewerbe sind nur mit 8,7%, landwirtschaftliche Berufe sogar durchschnittlich nur mit 4,7% vertreten.

Auffallend ist ohne Frage der ziemlich gleichmäßige prozentuale Zahlenaufbau in den einzelnen Gebietsteilen bei den mannigfaltigen Berufsarten; so schwankt z. B. die Beteiligung der Handel und Gewerbe treibenden Personen nur zwischen 8 und 10,4%, die der ungelernten Arbeiter zwischen 10,1 und 12,1%, ja bei der Berufsvererbung finden wir die seltsame Erscheinung, daß in Nordwestdeutschland von den Vätern der erfragten Tapezierer 8,5, in Sachsen 8,4 und in Berlin 8,9% denselben Beruf wie die Söhne ausübten.

Diese Homogenität in der aufgeführten Berufsstatistik scheint zu der Annahme zu berechtigen, daß die Schichten, aus denen sich die Väter dieser industriellen Qualitätsarbeiter und Handwerker rekrutieren,

Berufsarten der Väter	Nordwestdeutschland abs. Z.	Nordwestdeutschland %	Sachsen abs. Z.	Sachsen %	Berlin zusammen abs. Z.	Berlin zusammen %	Norddeutschl. zusammen abs. Z.	Norddeutschl. zusammen %
Höhere Beamte, liberale Berufe	1	0,2	1	0,2	3	0,3	5	*0,2*
Fabrikbesitzer, Fabrikanten, Grundbesitzer und Eigentümer	10	1,9	6	1,1	11	1,1	27	*1,3*
Subalternbeamte, Militär- und Privatbeamte, auch Volksschullehrer	39	7,4	49	9,1	121	12,4	209	*10,2*
Beamte der Großindustrie	13	2,5	19	3,5	24	2,5	56	*2,8*
Gelernte Arbeiter der Großindustrie	56	10,6	59	11,0	145	14,9	260	*12,8*
Kunsthandwerker und höhere Kunsthandfertigkeiten (auch Musiker)	8	1,5	15	2,8	16	1,6	39	*1,9*
Kaufleute, Wirte, Händler, auch Markthelfer	55	10,4	43	8,0	79	8,1	177	*8,7*
{Handwerksmeister und Handwerksgesellen	208	39,5	197	36,6	391	40,2	886	*43,4*
{Tapezierer, Sattler, Riemer	45	8,5	45	8,4	—	—		
Landwirte, Erbpächter, Ackerbürger, Förster, Jäger, Fischer, Gärtner	22	4,2	32	5,9	42	4,3	96	*4,7*
Ungelernte Arbeiter sog. Gelegenheitsarbeiter, Tagelöhner (auch Holz- u. Bahnarb.)	53	10,1	55	10,2	118	12,1	226	*11,1*
Privatier, Rentier usw.	1	0,2	3	0,6	4	0,4	8	*0,4*
Unbekannt, da Beruf nicht angegeben (Erfragte zum Teil außerehelich)	16	3,0	14	2,6	20	2,1	50	*2,5*
Summa	527	100	538	100	974	100	2039	*100*

Tabelle 17b. Beruf der Väter der Berliner Arbeiter.

Berufsarten der Väter	Tapezierer abs. Z.	Tapezierer %	Buchdrucker abs. Z.	Buchdrucker %	Metallarbeiter abs. Z.	Metallarbeiter %	Summe aller abs. Z.	Summe aller %
Höhere Beamte, liberale Berufe	—	—	3	0,6	—	—	3	0,3
Fabrikbesitzer, Fabrikanten, Grundbesitzer und Eigentümer	4	1,6	7	1,3	—	—	11	1,1
Subalternbeamte, Militär- und Privatbeamte, auch Volksschullehrer	34	13,2	74	13,7	13	7,3	121	12,4
Beamte der Großindustrie	4	1,6	17	3,2	3	1,7	24	2,5
{Gelernte Arbeiter der Großindustrie	23	8,9	65	12,1	18	10,1	145	14,9
{Metallarbeiter	—	—	—	—	39	21,9		
Kunsthandwerker und höhere Kunsthandfertigkeiten	3	1,2	9	1,7	4	2,2	16	1,6
Kaufleute, Wirte, Händler, Agenten, Markthelfer	25	9,7	48	8,9	6	3,4	79	8,1
{Handwerksmeister und Handwerksgesellen	88	34,3	187	34,6	53	29,8	391	40,2
{Tapezierer, Sattler, Riemer	23	8,9	—	—	—	—	—	—
{Polygraphische Gewerbe	—	—	40	7,4	—	—	—	—
Landwirte, Pächter, Ackerbauer, Gärtner, Förster, Fischer usw.	10	3,9	18	3,3	14	7,8	42	4,3
Ungelernte Arbeiter, Bahn-, Holz-, Erdarbeiter	28	10,9	63	11,7	27	15,2	118	12,1
Privatier, Rentier, Invalide	—	—	3	0,6	1	0,6	4	0,4
Unbekannt, da Beruf nicht angegeben, auch Erfragte zweiter Generation wohl zum Teil außerehelich	15	5,8	5	0,9	—	—	20	2,1
Summa	257	100	539	100	178	100	974	100

geringe Differenzen aufweisen. Zum ferneren Beweise für diese meine Annahme mag eine Zahlenreihe dienen, welche dem Tabellenwerk meiner bereits zitierten Schrift „Beiträge zur Sozialstatistik der deutschen Buchdrucker“ entnommen ist. Diese gibt ebenfalls Aufschluß über den Beruf der Väter von Buchdruckern.[1])

Ein Vergleich beider zeitlich und räumlich differierender Berufsstatistiken zeigt nun, daß wesentliche Abweichungen nur bei der Zahl der „gelernten Arbeiter der Großindustrie“ vorhanden sind, und vielleicht wäre auch dieser starke Unterschied aus der mehr als dreimal so großen Zahl der „Unbekannten“ bei den Vätern der Buchdrucker reduziert worden. Sollte nicht Tabelle 18 auf ein ziemlich gleichgeartetes Milieu hinweisen, aus dem vorwiegend beide Arbeitergenerationen entstammen? Handwerker — bisweilen selbständig und dann teilweise wohl zum unteren Mittelstande gehörend —, industrielle Qualitätsarbeiter einschließlich Bauführer und Werkmeister (letztere als „Beamte der Großindustrie“ bezeichnet), endlich ungelernte Arbeiter, Tagelöhner aller Art, die sozial ungünstigste Arbeiterschicht, ferner aber Subalternbeamte, sowohl aus dem Staats-, Kommunal- und Privatdienst, — auch bisweilen wohl an den unteren Mittelstand heranreichend.

Tabelle 18.

Beruf der Väter deutscher Buchdrucker im Vergleich mit denjenigen der Tapezierer, Buchdrucker und Metallarbeiter in %.

	Beruf d. Väter aller Tapezierer + Buchdr. + Metallarbeiter %	Beruf d. Vaters aller Buchdrucker %
Höhere Beamte liberale Berufe	0,2	1,0
Fabrikbesitzer, Fabrikanten, Grundbesitzer	1,3	0,9
Subalternbeamte: Militär- u. Privatbeamte	10,2	12,2
Volksschullehrer	—	1,2
Beamte der Großindustrie	2,8	3,0
Gelernte Arbeiter der Großindustrie	12,8	5,2
Kunsthandwerker und höhere Kunsthandfertigkeiten	1,9	2,0
Kaufleute, Wirte, Händler, auch Markthelfer u. Fuhrwerksbesitzer	8,7	7,2
Handwerksmeister u. Handwerksgesellen einschl. Buchdrucker	43,4	46,2
Landwirte, Erbpächter, Förster, Jäger, Fischer, Gärtner, Ackerbürger usw.	4,7	3,2
Ungelernte Arbeiter, Tagelöhner, Holz- u. Bahnarbeiter	11,1	8,4
Rentier und Privatier	0,4	0,7
Unbekannt	2,5	8,8
	100,0	100,0

[1]) Vergl. zitierte Schrift, S. 31 Tabelle 18, letzte Spalte. Hier stand auch Material aus Bayern, Baden sowie den östlichen Provinzen zur Verfügung. Die seinerzeit aufgestellte Gliederung der Berufsarten konnte auch hier verwertet werden.

Gegenüber diesen Berufsschichten treten in beiden Fällen alle übrigen bedeutend zurück. Sowohl Handel[1]) mit 8,7 resp. 7,2% wie andererseits landwirtschaftliche Berufe — gar nur mit 4,7 resp. 3,2% — sind relativ wenig vertreten und von Angehörigen sozial höherer Schichten (liberale Berufe, Fabrik- und Grundbesitzer) sind zusammen genommen noch nicht 2% vorhanden.

2. Die Berufsarten der Arbeiter.

War bei den Vätern der Erfragten eine große Mannigfaltigkeit der heterogensten Berufsarten erkennbar — bei den 886 Handwerkern dürfte z. B. kaum ein wichtiger Zweig fehlen —, so sind in der zweiten Generation einzelne typische Gewerbe vertreten, typisch in bezug auf intellektuelle oder körperliche Eigenschaften der Arbeiter.

Eines ist dem Tapezier-[2]) wie dem Buchdruckgewerbe gemeinsam zu eigen: beider Hauptsitz ist die Mittel- und Großstadt, Gegenden mit hoher Kultur, ästhetischen Ansprüchen und ausgeprägtem Komfort, beide sind spezifisch großstädtisch und fortschrittlich. — Das Tapezier- und Dekorationsgewerbe wird insbesondere zu den Handwerken zu rechnen sein, welche eine hohe Kunsthandfertigkeit und Geschicklichkeit neben gutem Geschmack bedingen, während physischer Kraftaufwand weniger in die Wagschale fällt.

Das Buchdruckgewerbe, welches seinen Handwerkscharakter, wie Paul Voigt mit Recht bemerkt, ganz abgestreift hat, besitzt eine Elite von Arbeitern, welche seit vielen Jahren an der Spitze aller Arbeiterkategorien marschieren und deren bereits klassische Organisation und Tarifgemeinschaft vorbildlich für alle übrigen Qualitätsarbeiter geworden ist. — Die Metallarbeiter endlich stellen eine Auslese in physischer Hinsicht dar; sie rekrutieren sich im vorliegenden Falle aus Schmieden, Metalldrehern und -schleifern, Maschinen-, Kunst- und Werkzeugschlossern, Fraisern Metalldrückern, Klempnern, Silber- und Goldarbeitern, Galvaniseuren, Nadlern, Rohrlegern, Hoblern, Feilenhauern, Silberpressern, Polierern, Elektromonteuren.

---

[1]) Da eine weitere Differenzierung des Materials untunlich schien, sind zum „Handel“ außer einigen Wirten auch etliche Fuhrwerksbesitzer gerechnet worden.

[2]) Von den Erwerbstätigen im Hauptberuf entfielen 1895 Tapezierer:

auf Großstädte	16705 = 54,52%	auf Landstädte	1151 = 3,76%
auf Mittelstädte	7750 = 25,29%	auf das platte Land	954 = 3,11%
auf Kleinstädte	4083 = 13,32%		

In diesen Zahlen prägt sich der weit überwiegende Stadtcharakter des Tapeziergewerbes aus — 80% aller Erwerbstätigen kommen auf Mittel- und Großstädte —, der vielleicht heute durch die erfolgte Berufsverschiebung in noch stärkerem Maße hervortritt, als in diesen Zahlen.

In einigen Strichen mögen diese Gewerbe charakterisiert werden, besonders das Tapeziergewerbe, welches als Ausgangsmaterial der Arbeit anzusehen ist und über welches außer über die Lage des Handwerks in den Schriften des Vereins für Sozialpolitik keine Spezialliteratur existiert, wie z. B. für das Buchdruckergewerbe.[1])

O. Thissen rechnet in seinen „Beiträgen zur Geschichte des Handwerks in Preußen" die Tapezierer zu jenen Gewerben, „die namentlich durch den steigenden allgemeinen Wohlstand begünstigt, das Wachstum der Bevölkerung mehr oder minder zu überflügeln tendieren".

In der Tat, die Zahl dieser Gewerbsangehörigen ist stark gestiegen: 1849 gehörten dem Gewerbe der Riemer, Sattler und Tapezierer 16159, 1895 bereits 46791 Personen an; auf je 10000 Köpfe kamen 1849: 9,9 und 1895: 18,0 Angehörige des Handwerks. — Der Verfasser macht bei den Schlußerörterungen die Einschränkung, daß es bei dem Gewerbe der „Tapezierer und Polsterwarenfabrikanten schon zweifelhaft ist, ob sie noch in diese Kategorie gehören, da sie gewissermaßen bereits den Übergang zu der folgenden Klasse, d. h. zur Klasse der mit dem Fortschreiten des allgemeinen Wohlstandes relativ besonders gleichmäßig sich entwickelnden Gewerbe bilden".[2])

Letztere Annahme scheint mir nicht unrichtig, wie folgende Tabelle, welche einen Überblick über das starke Steigen der Meister- und Gehilfenzahl gibt, veranschaulicht. Im alten Preußen[3]) von Königsberg bis Aachen betrug bei den Riemern, Sattlern und Tapezierern

im Jahre	die Summe aller Meister	auf je 10000 Köpfe entfielen Meister	Summe aller Abhängigen	auf je 10000 Köpfe entfielen Abhängige
1822	5 973	5,3	3 104	2,7
1849	10 043	6,2	6 116	3,8
1861	11 409	6,2	8 975	4,9
1882	15 306	6,8	20 639	9,2
1895	17 241	6,6	29 550	11,4

Besonders die Gehilfenzahl hat in den letzten Jahrzehnten eine bedeutsame Zunahme erfahren; der Hauptanteil entfällt auf das relativ

[1]) Vergl. darüber z. B. A. Gerstenberg, Die neuere Entwickelung des deutschen Buchdruckereigewerbes, Jena 1892; Fr. Zahn, Die Organisation der Prinzipale und Gehilfen im deutschen Buchdruckereigewerbe Schr. d. V. f. Soz. 45; meine bereits zitierte Schrift: Sozialstatist. Beiträge zum deutschen Buchdruckergew.; G. Heimann, Die Berufskrankheiten der Buchdrucker, Jahrb. f. Nat. u. Statist. III. F. Band 10 S. 1 ff.

[2]) Vergl. zitierte Schrift von Thiosen S. 199.

[3]) Vergl. ebenda S. 205/206.

junge Tapeziergewerbe, denn von 1882 bis 1895 ist die Zahl der selbständigen Tapezierer von 6432 auf 9671 (ca. 50%) und die Zahl der Abhängigen in dieser Zeit von 12345 auf 20975 (ca. 70%) gestiegen. Wenn Paul Voigt[1]) sagt: Bei den Tapezierern, wo die Selbständigen sich um 50% vermehrt haben, kann man noch von einer Blüte des Kleinbetriebs sprechen", so übersieht er m. E. vor allem, daß die Tendenz zur Betriebs- und Kapitalskonzentration auch hier schon unverkennbar zutage tritt und Abhängigkeitsverhältnisse geschaffen hat. Sombart[2]) sagt z. B.:

„In einer ganz ähnlichen Stellung, wie der für das Magazin arbeitende Möbeltischler befindet sich aber der Tapezierer, der die Polsterungen an den Möbeln zu besorgen hat. Auch er bleibt nominell selbständiger Handwerksmeister, befindet sich aber in mehr oder minder fester Abhängigkeit von der kapitalistischen Unternehmung, die ebenfalls entweder ein großes kombiniertes Ausstellungsgeschäft oder ein einfaches Möbelmagazin ist. Der Unternehmer steht zuweilen mit einem Meister in einer Art von Vertrags- oder doch dauerndem Produktionsverhältnisse. Obgleich kein eigentliches Lohnarbeiterverhältnis vorliegt, ist doch eine gewisse ökonomische Abhängigkeit vorhanden."

Dem allgemein größeren Wohlstand der letzten Jahrzehnte steht eine starke Lehrlingszüchterei und das Eindringen zahlreicher proletarischer Kleinmeister in das Gewerbe gegenüber. — Benutzt man die Dienstbotenhaltung als Wertmesser des Wohlstandes einzelner Handwerke, so scheint mit dem Steigen der Zahl der Berufsangehörigen in der Tat eine wesentliche Verschlechterung der Erwerbsverhältnisse eingetreten zu sein:

	Auf 1000 Selbständige kamen Dienstboten	
	1882[3])	1895[4])
bei den Tapezierern	219	168
bei den Sattlern und Riemern	112	107
dagegen		
bei den Schlossern	126	133
bei Verarbeitung unedler Metalle außer Eisen	283	299
bei den Mechanikern	305	334
beim polygraphischen Gewerbe zus.	451	bei den Buchdr. allein 561

[1]) Paul Voigt in den Schrift. d. Vereins f. Soz., Band LXX S. 651.

[2]) Vergl. W. Sombart, Der moderne Kapitalismus, Band I S. 506.

[3]) Vergl. Statist. d. Deutschen Reiches, N. F. Band II S. 71*.

[4]) Vergl. Statist. d. Deutschen Reiches, Band 111, Teil I S. 181 ff.

Weit mehr als die Arbeitgeber, von denen nur eine sehr geringe Zahl Kleinmeister den Fragebogen ausgefüllt haben, muß unser Interesse die Lebenshaltung der Arbeitnehmer, welche die Masse der Erfragten bilden, erwecken. Die Dienstbotenhaltung für die Angestellten und Arbeiter zusammen (b + c) ist der Berufsstatistik von 1882 zu entnehmen, ein Vergleich der Dienstbotenzahl bei den Arbeitern allein aus der von 1895 erkennbar.

Berufsart	Anzahl der Erwerbstätigen Angestellte und Arbeiter	Auf 100 Erwerbstätige (b + c) kamen 1882 Diensboten
Ausführung von Tapezierarbeiten	12 345	0,6
Polygraphische Gewerbe	60 240	1,3
Schlosserei und Geldschrankfabrikation	103 322	0,5
Verarbeitung unedler Metalle außer Eisen	32 200	0,9
Klempnerei und Blechwarenfabrikation	32 927	0,5

Bei einer Statistik der häuslichen Dienstboten in Arbeiterfamilien ersehen wir sogleich, wieviel günstiger die Verhältnisse im Buchdruckgewerbe und in dem größten Teile der Metallindustrie gegenüber dem Tapezierhandwerk liegen.

Im Jahre 1895[1]) kamen nämlich auf 10000 Arbeiter

bei den	Tapezierern	36	Dienstboten	bei	20 636	Erwerbstätigen
„ „	Riemern und Sattlern	24	„	„	41 472	„
„ „	Buchdruckern	67	„	„	66 219	„
„ „	Maschinen- und Werkzeugarbeitern	63	„	„	115 780	„
„ „	Gürtlern und Bronzeuren	52	„	„	10 033	„
„ „	sonstige Verarbeitung unedler Metalle	55	„	„	17 555	„
„ „	Eisengießern	51	„	„	70 278	„
„ „	Kupferschmieden	46	„	„	9 838	„
„ „	Rot- und Gelbgießern	45	„	„	6 291	„
„ „	Schlossern und Geldschrankarbeitern	41	„	„	268 502	„
„ „	Klempnern	35	„	„	46 291	„

Zur Erforschung des standard of life kann als weiterer Maßstab der Jahresarbeitsverdienst vergleichsweise zu Rate gezogen werden. — Tabelle 19a zeigt den höchsten, niedrigsten und durchschnittlichen Arbeitsverdienst von Berliner Tapezierern, Buchdruckern und Metallarbeitern.

---

[1]) Vergl. Statist. d. Deutsch. Reich. Band 111 I S. 181 ff.

Tabelle 19a.

Der Jahresarbeitsverdienst belief sich auf die nachstehenden Sätze: (nach Aufnahme in Berlin im September 1897).

Gewerbeart, Arbeitstellung	Jahresverdienst		
	höchster	niedrigster	durchschnittl.
Tapezierer und Dekorateure	1300	600	894
Schriftsetzer	—	—	1560
Maschinenmeister	—	—	1716
Metallarbeiter:			
Schmiede	1950	1035	1373
Metalldreher, Fraiser	1800	767	1271
Klempner	1350	630	1113
Gelbgießer	—	—	1500
Former	1700	1200	1382
Metalldrücker	1008	767	928
Gürtler	1200	735	979
Maschinenschlosser	1650	644	1164
Metallschleifer und Polierer	1200	756	1052
Hobler	1700	1350	1517
Silberarbeiter und -presser	1350	720	947

Bei dem Metallgewerbe handelt es sich um mannigfache, innerlich voneinander verschiedene Zweige mit stark differenzierten Lohn- und Arbeitsbedingungen; aber in jedem Falle erscheinen die Durchschnittslöhne wesentlich höher als im Tapeziergewerbe. Neuere Erhebungen, aufgenommen vom deutschen Metallarbeiterverband im Herbst 1902, zeigen zum Teil noch größere Einnahmen, allerdings per Woche. Ohne Rücksicht auf Arbeitslosigkeit (vergl. Tabelle 19b) hat ein Maschinenmeister etwa ein doppelt so hohes Einkommen wie ein Tapeziergehilfe. Die Berliner Lohnsätze dürften auch im allgemeinen für andere Städte Gültigkeit behalten; so hatte z. B. nach meinen Haushaltungsbudgets[1]) ein Setzer in Metz wie in Bromberg je M. 1620 Arbeitsverdienst, ein Hamburger Setzer M. 1416, ein Stuttgarter Maschinenmeister M. 1890 und ein solcher in Hamburg M. 1800.

Dasselbe gilt für die Löhne der Tapeziergehilfen. So wurde der durchschnittliche Wochenverdienst bei voller Arbeitszeit zwischen M. 18 bis 34 angegeben, wobei übrigens zu bemerken ist, daß Berlin und Hamburg allgemein etwas höhere Lohnsätze zu haben scheinen, wie z. B. Lübeck, Rostock, Bremen. Berücksichtigt man nun die sogenannte tote Zeit im Jahr, so stellt sich der Jahresarbeitsverdienst erheblich niedriger,

[1]) Vergl. 15 Arbeiterhaushaltungsbudgets aus dem deutschen Buchdruckergewerbe als Anhang zu den Beiträgen zur Sozialstatistik der deutschen Buchdrucker.

als sich nach dem durchschnittlichen Wochenverdienst[1]) erwarten läßt; für Leipzig wird M. 1100, für Dresden M. 900 und M. 1020, für Berlin M. 921,50 angeführt. Der Verdienst hält sich also im Rahmen der in Tabelle 19a aufgestellten Zahlen.

Tabelle 19b.

Lohnverhältnisse in der Metallindustrie in Berlin.[2])
Es hatten von den erwachsenen männlichen Arbeitern

einen Wochenverdienst	in Klein-	Mittel-	Großbetrieben
	%	%	%
von unter 15 M.	3,9	3,6	1,5
von 15—21 M.	16,2	21,5	15,3
von 21—30 M.	57,3	57,8	49,8
von 30—39 M.	20,4	16,4	29,2
von über 39 M.	0,2	0,7	4,2

Eingehenderen Aufschluß über die Lebenshaltung der verschiedenen Berufsarten würden wohl typische vergleichbare Arbeiterbudgets geben, vielleicht in bezug auf rationelle Ernährung, auf den verschiedenen Verbrauch von Fett und Kohlenhydraten z. B. bei Tapezierern gegenüber einzelnen Klassen der Metallarbeiter. Solche Budgets fehlen nun leider. Indes, Fritz Kestner[3]) hat soeben wieder betont, daß „das Resultat im allgemeinen für die vergleichende Betrachtung kein großes ist. Wir können, fährt er fort, aus den Haushaltungsbudgets feststellen, inwiefern die einzelne untersuchte Schicht rationell ernährt ist. Für die Gesamtheit ergibt sich nur die Bestätigung des eigentlich selbstverständlichen Axioms, das aber von neuem zu betonen nicht unwichtig ist: Je wohlhabender die Familie, desto rationeller und ausreichender ist die Nahrung. Innerhalb der Grenzen, die durch die verschiedenen Erfordernisse körperlicher Arbeit gezogen sind, entscheidet in Stadt und Land allein das Einkommen darüber, ob die Ernährung den physiologischen Geboten entspricht oder nicht.“

Es wird ein Gelbgießer also im Durchschnitt eine stärkere Kost, mehr Fett, mehr Kohlenhydrate benötigen, als ein Dekorateur, und das Ein-

---

[1]) Für Dresden gibt ein Gehilfe z. B. den Wochenlohn 54 Stunden à 46 Pfg. auf Mk. 24,84 an. Bei voller Beschäftigung würde sich ein Jahresverdienst von M. 1778 80 ergeben, welcher keinesfalls erreicht wird.

[2]) Vergl. Soz. Praxis, XIII. Jahrg. No. 42 S. 1093, Die Arbeits- und Lohnverhältnisse in der Metallindustrie in Berlin, von Otto Jeidels.

[3]) Fritz Kestner, Die Bedeutung der Haushaltungsbudgets für die Beurteilung des Ernährungsproblems, im Archiv für Sozialwissenschaft und Sozialpolitik N. Folge, I. Bd. 2. Heft S. 332.

kommen des ersteren gestattet ihm auch den körperlichen Erfordernissen mehr Rechnung zu tragen, als letzterem.

Es dürfte um so mehr erübrigen, auf die physischen Qualitäten der in Frage stehenden Handwerker und Industriearbeiter weiter einzugehen, als die Tauglichkeitsverhältnisse selbst, wie sogleich gezeigt werden wird, einen vorzüglichen Wertmesser der körperlichen Entwicklung ergeben, wofern man den Beruf der Erfragten berücksichtigt; indes wird uns durch eine Schweizer Statistik noch Gelegenheit geboten, auch einen Maßstab für das geistige Niveau zu gewinnen, auf welchem sich die verschiedenen Arbeiterkategorien befinden.

In der Schweiz finden pädagogische Prüfungen der Rekruten statt, deren Ergebnisse für das Jahr 1902 jüngst veröffentlicht wurden.

Aus Tabelle 20 ersehen wir das Resultat dieser Examina.

Während im Gesamtdurchschnitt von je 100 Geprüften ein Viertel höhere Schulen besucht hatten, entfielen auf die Tapezierer nur 21, dagegen auf die Buchdrucker mehr als das Doppelte — 44 —, und auch von den verschiedenen Klassen der Metallarbeiter hatten mit Ausnahme der Klempner sowie der Zeug- und Hufschmiede alle zahlreicher höhere Schulen besucht als die zum Tapezierergewerbe gehörenden Erfragten.

Die vier Prüfungsfächer, aus der Anmerkung zu Tabelle 20 ersichtlich, sind: Lesen, Aufsatz, Rechnen, Vaterlandskunde.

Die günstigsten Resultate — die Note 1 in mindestens drei dieser Fächer — weisen die Buchdrucker auf. Von je 100 Geprüften haben 57 die beste Note erhalten, erst in weiterem Abstande folgen die Arbeiter der Kleinmechanik aller Art, die, was höheren Schulbesuch anbetrifft, sogar am besten dastehen und wohl nicht selten eine technische Mittelschule besucht haben; in noch größerem Abstande reihen sich dann erst die Angehörigen der übrigen Berufe an. — Von den Tapezierern haben nur so viele die Note 1 erlangt, wie auch höhere Schulen absolviert, während z. B. diese Zahl bei den Zeug- und Hufschmieden sich mehr als verdoppelt hat, auch bei den Buchdruckern, Bauschlossern und Spenglern z. T. wesentlich gestiegen ist. Berücksichtigt man noch die Zahlen der folgenden Spalte, welche gleichzeitig die schlechtesten Resultate in den einzelnen Berufen veranschaulichen, so wird man unschwer ein Urteil über die geistigen Qualitätsdifferenzen der fraglichen Berufsschichten gewinnen.

Vereinen wir das statistische Gesamtbild nochmals:

Der höchste durchschnittliche Arbeitsverdienst im Jahre, 1500 bis 1700 M., entfällt auf die Buchdrucker, es folgen die verschiedenen Klassen der Metallarbeiter, endlich die Tapezierer; diese Abstufung

Tabelle 20.
Die hauptsächlichsten pädagogischen Prüfungsergebnisse[1]) in der Schweiz vom Herbst 1902 nach Berufsarten.

Die Besufsart der Geprüften	Von je 100 Geprüften			Gesamtzahl der Geprüften
	hatten höh. Schulen besucht	hatten die Note[2]) 1 in mehr als zwei Fächern	hatten die Note[2]) 4 oder 5 in mehr als einem Fache	
1. Tapeziererei, Matratzen- und Bettmacherei	21	21	6	80
2. Buchdruckerei	44	57	1	226
Metallarbeiter:				
3. Bauschlosserei, Herstellung eiserner Möbel	28	34	2	695
4. Spenglerei, Herstellung von Lampen	17	19	4	183
5. Zeug- und Hufschmiederei	11	23	4	364
6. Verarbeitung anderer unedler Metalle als das Eisen	27	25	2	55
7. Eisengießerei, Maschinen- und Werkzeugschlosserei	42	41	3	1273
8. Andere Kleinmechanik und Herstellung physikal. und ähnl. Werkzeuge	52	50	—	105
9. Tagelöhnerei verschiedener Art	6	6	16	49
Gesamtdurchschnitt	25	32	7	27610

[1]) Vergl. Schweizerische Statistik 138. Lieferung. Pädagogische Prüfung bei der Rekrutierung im Herbst 1902. Bern 1903. S. 14 u. 15 (vergl. a. a. O. S. 8*).

[2]) Die Bedeutung der Prüfungsnoten in den einzelnen Fächern:

a) Lesen:

Note 1 geläufiges Lesen mit sinngemäßer Betonung und nach Inhalt und Form richtige freie Wiedergabe.

Note 4 mangelhafte Fertigkeit im Lesen ohne Rechenschaft über den Inhalt.

Note 5 gar nicht lesen.

b) Aufsatz:

Note 1 kleinere schriftliche Arbeit nach Inhalt und Form (Orthographie, Interpunktion, Kalligraphie) ganz oder ziemlich korrekt.

Note 4 geringe, fast wertlose Leistung.

Note 5 Mangel jeglicher Fertigkeit im Schreiben.

c) Rechnen:

Note 1 Fertigkeit in den vier Spezies mit ganzen und gebrochenen Zahlen (Dezimalbrüche inbegriffen), Kenntnis des metrischen Systems und Lösung entsprechender eingekleideter Aufgaben.

Note 4 Fertigkeit in der Addition und Subtraktion im Zahlenraum bis 1000.

Note 5 Unkenntnis, im Zifferrechnen und Unfähigkeit zweistellige Zahlen im Kopfe zusammenzuzählen.

Vaterlandskunde:

Note 1 Verständnis der Karte der Schweiz und befriedigende Darstellung der Hauptmomente der vaterländischen Geschichte und der Bundesverfassung.

Note 4 Beantwortung einiger der elementarsten Fragen aus der Landeskunde.

Note 5 gänzliche Unkenntnis in diesen Gebieten.

findet ihre Bestätigung in der stark differierenden Zahl der Dienstboten, welche für häusliche Zwecke gehalten werden und Schlußfolgerungen in bezug auf die Lebenshaltung der Arbeiter gestatten; auch hier dieselbe Reihenfolge: auf 1000 Buchdrucker kommen 670 Dienstboten, auf 1000 Metallarbeiter — im Durchschnitt der acht angeführten Spezialgruppen — 480 und auf 1000 Tapezierer nur 360 Dienstboten.

Die Schweizer pädagogischen Prüfungsergebnisse endlich bestätigen, daß die Buchdrucker zur geistigen Aristokratie der Arbeiterschaft zurechnen, und daß die Metallarbeiter in bezug auf Bildungsgrad wohl zwischen die Jünger Gutenbergs und die Tapezierer zu stellen sind; also auch hier die gleiche Aufeinanderfolge wie bei den Lohnverhältnissen.

Versuchen wir nunmehr die Wehrfähigkeit der beiden Generationen mit Rücksicht auf den Beruf zu erforschen.

VI. Die Wehrfähigkeit zweier Generationen nach dem Beruf derselben.

1. Die Wehrfähigkeit der Väter der Arbeiter.

Tabelle 17a sagt uns bereits: das Material reicht bei weitem nicht aus, den Tauglichkeitsgrad der einzelnen angeführten Berufsgruppen zu ergründen. Wie soll man beispielsweise aus den Handel und Gewerbe treibenden Personen — aus allen Gebietsteilen 177 an der Zahl — oder von den insgesamt 96 einem agrarischen Berufe angehörenden ein Resultat zeitigen, selbst wenn man nur zwei Größen der Geburtsorte unterscheiden wollte?

So mußten schon Beamte und gelernte Arbeiter der Großindustrie, Handwerker einschließlich der Kunsthandwerker, sowie endlich die ungelernten Arbeiter, alle ungefähr aus gleichartigem Milieu stammend, zu einer Gruppe verschmolzen werden, während alle übrigen Berufe ausgeschieden wurden. — Freilich, bei gleichzeitiger Spaltung nach Größe der Geburtsorte wird man sich — um eine weitere Zersplitterung der bescheidenen Masse zu verhüten — begnügen müssen, nur zwei Ortsgrößengruppen zu konstruieren. Der Gedanke lag nahe, eine völlig willkürlich gewählte Trennung zu erproben und es wurde eine solche vorgenommen, indem flaches Land (bis 2000 Einwohner), Landstädte (2000—5000 Einwohner), sowie ein Teil der Kleinstädte (5—10000 Einwohner) allen übrigen Ortsgrößen gegenübergestellt wurde. Das Resultat ist aus Tabelle 21 erkenntlich: Die Militärtauglichkeit der Industriearbeiter und Handwerker, gebürtig aus Orten bis zu 10000 Einwohnern, überwiegt durchgehends diejenige der übrigen Stadtgeborenen.

Die Berliner Zahlen weisen die stärksten Differenzen zwischen Stadt und Land auf, für Nordwestdeutschland ist der Unterschied nur sehr gering, indes wird man gerade hier berücksichtigen müssen, daß vor ca. 60 Jahren nicht nur Hamburg die einzige Großstadt Nordwestdeutschlands war, sondern daß z. B. in Schleswig-Holstein am 3. Dezember 1867 erst 21 Land- und 13 Kleinstädte gezählt wurden,[1]) während die Provinz Sachsen bereits 40 Land- und 31 Kleinstädte aufwies,[2]) oder da Schleswig-Holstein einen Flächeninhalt von 18841,5 qkm, die Provinz Sachsen einen solchen von 25244,5 qkm besitzt, entfielen 1867 in der erstgenannten Provinz eine Kleinstadt auf 1493,3 qkm, eine Landstadt auf 897,2 qkm, dagegen in der Provinz Sachsen eine Kleinstadt auf 814,3 qkm, eine Landstadt auf 631,1 qkm.

Tabelle 21.

Die Wehrfähigkeit der Väter der Arbeiter nach dem Beruf und Herkunft.[3])

Beruf der Väter: Beamte, gelernte und ungelernte Arbeiter der Großindustrie, Handwerker und Kunsthandwerker.

	Beruf der Söhne	Größe der Geburtsorte der Väter:							
		bis 10000 Einwohner				10000 und mehr Einwohner			
		Es haben				Es haben			
		gedient		nicht gedient		gedient		nicht gedient	
		abs. Z.	%	abs. Z.	%	abs. Z.	%	abs. Z.	%
Nordwest-deutschand ..	Tapezierer ..	72	*36,5*	125	63,5	57	*36,1*	101	63,9
Sachsen	Tapezierer ..	98	*41,0*	141	59,0	56	*38,1*	91	61,9
Berlin	Tapezierer ..	45	*50,6*	44	49,4	32	*41,6*	45	58,4
	Buchdrucker .	93	*43,7*	120	56,3	64	*38,3*	103	61,7
	Metallarbeiter	*38*	*43,2*	50	56,8	*18*	*32,7*	37	67,3
Berlin zusammen		176	*45,1*	214	54,9	114	*38,1*	185	61,9
Ganz Norddeutschl. zusammen		346	**41,9**	480	58,1	227	**37,6**	377	62,4

Der stärker agrarische Charakter dieser unter „Nordwestdeutschland" zusammengefaßten Provinzen gegenüber dem industriereichem Sachsen mag hier nivellierend auf die Tauglichkeitsdifferenzen des erstgenannten Gebietes wirken. Aber noch ein zweites Moment ist bemerkenswert. Warum ist die Zahl der Gedienten überhaupt wesentlich niedriger, als in Sachsen und Berlin?

[1]) 1900 waren 61 Land- und 20 Kleinstädte in Schleswig-Holstein vorhanden, in der Provinz Sachsen 133 Land- und 36 Kleinstädte.

[2]) Vergl. Vierteljahrshefte zur Statist. d. D. Reiches 1873, Band I ff.

[3]) Subalternbeamte, Landwirte, Kaufleute usw. und Fabrikbesitzer sowie höhere Beamte, insgesamt 28,1 %, wurden von der Statistik ausgeschlossen.

Sieht man einmal von der Trennung in zwei Ortsgrößenklassen, wie sie in Tabelle 21 durchgeführt ist, ganz ab und betrachtet die Industriearbeiter und verschiedenen Handwerker als eine Berufsgruppe, so haben von 100 dieser Väter der Erfragten gedient: in Nordwestdeutschland: **36,3**, dagegen in Sachsen **39,9** und in Berlin zusammen sogar **42,1**!

Berücksichtigt man ferner alle in Tabelle 17a angeführten Berufsarten und nimmt auch hier von einer Scheidung nach der Herkunft Abstand, so erhält man folgende Resultate:

Gebietsteile	Von allen Vätern der Erfragten haben durchschnittlich:			
	gedient		nicht gedient	
	abs. Z.	%	abs. Z.	%
1. Nordwestdeutschland	200	*40,8*	290	59,2
2. Sachsen	210	*41,7*	294	58,3
Mitteldeutschland (1 + 2)	410	41,2	584	58,8
3. Berlin	441	*46,6*	505	53,4
Nordwestdeutschland zusammen	851	43,9	1089	56,1

In beiden Fällen wieder dasselbe Bild! Nordwestdeutschland steht namentlich bei den zuerst aufgeführten Zahlen ganz wesentlich in bezug auf die Tauglichkeitsverhältnisse hinter den anderen Gebietsteilen zurück. Und die Ursache dieser Erscheinung?

Tabelle 1 zeigt: Über 75% der „nordwestdeutschen“ Bogen stammen aus den drei Hansestädten Hamburg, Bremen, Lübeck. Allein 14,1% der ersten Generation sind in Hamburg geboren. Zur Zeit des Dienstalters dieser Arbeiter aber ist in den Hansestädten von einer allgemeinen Wehrpflicht noch keine Rede gewesen. Es bestanden nur Bürgergarden. Daß aber die z. B. zur „Hamburger Bürgergarde“ ausgehobenen — oder weit öfter nicht ausgehobenen — Personen qualitativ unvergleichbar mit den gemäß der deutschen Wehr- und Heerordnung von den Ersatzbehörden als tauglich oder untauglich bezeichneten Stellungspflichtigen sind, braucht kaum hervorgehoben zu werden.

Einen anderen Grund für die sonst befremdende Tatsache vermag ich nicht zu finden, spricht doch gerade der agrarische Charakter der Gebietsteile eher dafür, daß die Tauglichkeitsverhältnisse dort am günstigsten liegen müßten.

Andererseits fällt in Tabelle 21 die relativ hohe Zahl der Gedienten für Berlin auf, ebenso in der oben angeführten Zahlenreihe.[1])

[1]) Von den Vätern der Tapezierer haben 51,3%, der Metallarbeiter 42,3 und denen der Buchdrucker 46,0% gedient, die Durchschnittszahl für alle Väter der Berliner Arbeiter schließt jedoch erst alle Zufälle aus.

Man wird kaum fehlgehen, wenn man für diese Erscheinung einen Selektionsprozeß annimmt, der sich langsam vollzieht. Diese natürliche Auslese der nicht nur intelligenteren, sondern auch in körperlicher Hinsicht bestgeartetsten Arbeiterschaft lenkt ihre Schritte zur Großstadt und Residenz; sie ist es, welche eine Verschiebung des Altersaufbaues zugunsten der wehrfähigen Altersklassen hervorruft, unter denen die Tauglichkeitsverhältnisse sich sehr günstig gestalten dürften.

2. Die Wehrfähigkeit der Arbeiter.

Bei der zweiten Generation, den Erfragten selbst, sind wir in der Lage, auf die Tauglichkeitsverhältnisse einzelner Berufe, nämlich die der Tapezierer, Buchdrucker und Metallarbeiter, direkt einzugehen. Schon Tabelle 15 und 16 lassen wesentliche Differenzen vermuten, welche eine Bestätigung finden, wenn wir, den Herkunftsort ausschaltend, nur den Beruf der Erfragten berücksichtigen.

Gebietsteile	Von den Tapezieren haben			
	gedient		nicht gedient	
	abs. Z.	%	abs. Z.	%
in Nordwestdeutschland....	131	26,8	357	73,2
in Sachsen...............	131	26,7	359	73,3
in Berlin................	71	28,9	175	71,1

Die Zahl der Gedienten ist außerordentlich niedrig, jedoch in den einzelnen von der Statistik erfaßten Gebietsteilen ziemlich gleichmäßig; in der Reichshauptstadt Berlin liegen die Verhältnisse wiederum etwas — ca. 2% — günstiger, vermutlich dadurch, daß hier ebenfalls zum großen Teil auch die in körperlicher Beziehung besseren Elemente zu finden sein werden.

Vergleichen wir nunmehr diese wenig günstigen Resultate mit denen der beiden heterogenen Berufsarten der Buchdrucker und der Metallarbeiter.

	Es haben			
	gedient		nicht gedient	
	abs. Z.	%	abs. Z.	%
von den Berliner Metallarbeitern...........	72	40,4	106	59,6
von den Berliner Buchdruckern............	232	43,0	307	57,0

Zunächst wird jeder vermuten, daß die Metallarbeiter die höchsten Tauglichkeitsziffern aufweisen müssen, da nur die kräftigsten Personen diese Berufe ergreifen werden. Hätten wir unter den Beschäftigungsarten nur Schlosser, Schmiede, Monteure, Eisengießer, Feilenhauer usw., so wäre diese Annahme völlig gerechtfertigt, wie wir sogleich an einer Schweizer Statistik ersehen werden. Unter den Berliner Erfragten sind jedoch auch zahlreiche Klempner, Gold- und Silberarbeiter, Ziseleure usw. Arbeiterkategorien, deren körperliche Inanspruchnahme durchaus nicht über dem Durchschnitt jeder anderen Fabrikarbeit steht. Diese Metallarbeiter dürften die Tauglichkeitsziffer etwas herabdrücken. Vielleicht wären auch die Ergebnisse bei größerem absoluten Zahlenmaterial besser ausgefallen, wie sich nach den Schweizer Untersuchungen vermuten läßt.

Nimmt man nun diese statistischen Erhebungen[1]) über die Diensttauglichkeit der Rekruten nach ihrem Berufe zu Hilfe, so erkennt man sogleich, daß die ad 1 zusammengestellten verschiedenen Metallarbeiter bei weitem die günstigsten Resultate aufweisen; denn von 100 endgültig Beurteilten der Jahre 1884—91 waren nur 29 dauernd untauglich, dagegen von den Tapezierern 36, von den Buchdruckern sogar 39. Die viel weniger Körperkräfte erfordernde Tätigkeit einzelner ad 2 zusammengestellter Metallarbeiterberufe (Spengler, Gold- und Silberarbeiter, Uhrmacher usw.) weisen etwa ebensoviel Untaugliche auf wie der Schweizer Gesamtdurchschnitt, der 37 beträgt. Vgl. Tabelle 22, Spalte 1.

Recht ungünstige Verhältnisse ergeben sich für die Tabakarbeiter, Schneider, Korb- und Sesselflechter, auch Schuhmacher. Es sind diese Berufe absichtlich zum Vergleich beigefügt worden, schon weil sich unter den zahlreichen Handwerkern unserer ersten Generation 43,4% (vergl. Tabelle 17a) sehr viele Schuhmacher und Schneider befinden und dadurch die Tauglichkeitsquote herabgedrückt sein mag.

Wenn man von den 1891 untersuchten Schweizer Rekruten die Zahl der endgültig als untauglich beurteilten Gestellungspflichtigen betrachtet, so kann man deutlich die physische Qualitätsdifferenz bei den verschiedenen Berufsarten erkennen: Von den Tapezierern waren *32,1* %, von den Buchdruckern *28,3* %, dagegen von den ad 1 genannten Metallarbeitern durchschnittlich nur *22,0* % zum Dienst untauglich. Die ad 2 aufgezählten Berufe zählen 27,1% Untaugliche und nähern sich damit dem Landesdurchschnitt, der 29,6% für dieses Jahr beträgt. Die Zahl der untersuchten Schweizer Rekruten aus dem Metallgewerbe ist so groß, daß ihr wohl mehr Beweiskraft wie meiner Berliner Erhebung für diesen Beruf beigemessen werden muß.

---

[1]) Vergl. Sering, Die Bedeutung der landwirtschaftlichen Bevölkerung für die Wehrkraft des Reiches, S. 108 und 109, sowie die Schweizer Statistik, Lieferung 96, S. 18—21 und S. 39—40.

Nachdem wir in jedem Falle starke Differenzen in bezug auf die Verhältnisse der Wehrfähigkeit einzelner Berufe gefunden, drängt sich die Frage auf: was ist damit bewiesen? Kann man behaupten, daß das Tapezierergewerbe hygienisch bedenklicher als der Beruf der Buchdrucker, oder daß z. B. eine der gesundesten Beschäftigungen die der Metallarbeiter ist?

Keinesfalls sind solche Schlußfolgerungen möglich, denn mögen auch immerhin die schädlichen Einflüsse mancher Berufe auf den jugendlichen Organismus nicht wirkungslos bleiben, mag es durchaus nicht gleichgültig sein, ob den jungen Fabrikarbeiter großstädtisches oder ländliches Milieu umgibt, so intensiv werden diese Momente keinesfalls wirken, daß vom Eintritt in die Erwerbstätigkeit bis zur ärztlichen Untersuchung der Gestellungspflichtigen — einem Zeitraum von höchstens fünf bis sechs Jahren — in den Tauglichkeitsverhältnissen bereits so starke Verschiedenheiten zutage treten, wie sie die Schweizer und auch meine Erhebungen zeigen. Nein, je nach der körperlichen Veranlagung neben anderen Faktoren: Neigung, Geschicklichkeit usw. wird die Berufswahl erfolgen. Die Tapezierer haben eben diesen und keinen anderen Beruf ergriffen, weil ihre Körperkonstitution die Beschäftigung als Schlosser, Schmied, Feilenhauer usw. von vornherein ausschloß, während die Anforderungen an eine physische Kraftentwicklung beim Tapeziergewerbe so gering sind, daß auch eine mittelkräftige Natur ausreicht. Wir werden mit Sering sagen können: „Offenbar gibt eine Statistik des Berufs der Gestellungspflichtigen viel weniger Auskunft über die Wirkungen der Beschäftigung auf die körperliche Entwicklung als über die Bedeutung, welche umgekehrt die körperliche Beschaffenheit des jungen Mannes auf die Wahl seines Berufes ausübt.“[1]) Oder: die relative Wehrfähigkeit der Gestellungspflichtigen kann u. a. als Wertmesser der physischen Inanspruchnahme heterogener Berufsarten dienen.

Ein Vergleich der militärischen Brauchbarkeit beider Generationen ist nur mit größter Vorsicht zu unternehmen. Stehen doch den verschiedensten Berufstätigen aus Industrie, Gewerbe, Handel und Landwirtschaft der ersten Generation nur bestimmte industrielle Berufe der zweiten Generation gegenüber. Ganz ausgeschlossen muß besonders eine Gegenüberstellung für Nordwestdeutschland und Sachsen erscheinen, da hier für die zweite Generation nur Material aus dem Tapezier-

---

[1]) Vergl. die oft zitierte Schrift a. a. O. S. 9; ähnlich äußert sich auch Bindewald in seiner Arbeit: Die Wehrfähigkeit der ländlichen und städtischen Bevölkerung. Schmoller Jahrb., N. F., 25. Jahrg., S. 158.

gewerbe vorlag. Aus dem Umstande, daß in Nordwestdeutschland von den Vätern der Erfragten 40,8 %, in Sachsen 41,7 %, dagegen von den Erfragten selbst nur 26,8 resp. 26,7 % gedient haben, kann man eben nur schließen, daß die Tapezierer eine körperlich wenig beanlagte Arbeiterklasse darstellen, deren militärische Tauglichkeit hier noch dadurch besonders herabgemindert wird, daß sie überwiegend in der Stadt, ca. 44 % sogar in der Großstadt gebürtig sind. Mehr läßt sich schlechterdings aus diesen Zahlen nicht herleiten.

Tabelle 22.

Die allgemeinen Verhältnisse der Diensttauglichkeit bei den im Herbst 1891 untersuchten Schweizer Rekruten nach dem Berufe der letzteren

Berufsarten	Von 100 endgültig Beurteilten der Jahre 1884—91 war. dauernd untauglich	1891 untersuchte Rekruten (meist 1872 geboren)			Von den Untersuchten wurden endgültig beurteilt			
		Zahl d. Untersuchten	zurückgestellt abs. Z.	zurückgestellt %	als tauglich	%	untauglich	%
Tapezierer u. Matratzenmacher	*36*	81	15	18,5	40	49,4	26	*32,1*
Buchdrucker	*39*	205	45	21,9	102	49,8	58	*28,3*
von den ad 1 zusammengestellten Metallarbeitern	29,0	1844	350	19,0	1088	59,0	406	*22,0*
von den ad 2 zusammengestellten Metallarbeitern	*37,4*	1530	333	21,7	783	51,2	414	*27,1*
1 Schlosser	28	607	125	20,6	355	58,5	127	20,9
1 Kupferschmiede	32	38	6	15,8	20	52,6	12	31,6
1 Maschinentechniker	28	68	13	19,1	34	50,0	21	30,9
1 Mechaniker	27	559	99	17,7	338	60,5	122	21,8
1 Eisengießer	31	135	32	23,7	71	52,6	32	23,7
1 Schmiede	26	405	65	16,0	253	62,5	87	21,5
1 Feilenhauer und Schleifer	31	32	10	31,3	17	53,1	5	15,6
2 Spengler (Klempner)	35	213	46	21,6	110	51,6	57	26,8
2 Gold- und Silberarbeiter	39	34	10	29,4	13	38,2	11	32,4
2 Vergolder u. Rahmenmacher	40	20	2	10,0	11	55,0	7	35,0
2 Uhrmacher	33	1263	275	21,8	649	51,4	339	26,8
2 Andere Metallarbeiter	40	—	—	—	—	—	—	—
Tabakarbeiter	56	59	16	27,1	20	33,9	23	39,0
Schneider	57	409	107	26,2	126	30,8	176	43,0
Schuhmacher	43	655	177	27,0	261	39,9	217	33,1
Korb- und Sesselflechter	59	46	12	26,1	16	34,8	18	39,1
Summe all. Schweiz. Untersucht.	*37*	31478	6261	19,9	15901	*50,5*	9316	*29,6*

Für Berlin befinden wir uns in günstigerer Lage. Die Hauptzahl der Erfragten sind Buchdrucker, welche, was die körperliche Konstitution betrifft, mindestens in Höhe des Durchschnitts anderer Arbeiterkategorien stehen. Man ersieht dies auch aus der obigen Schweizer Statistik (erste und letzte Spalte). Der geringen Zahl Fragebogen der Tapezierer kann aber eine fast gleich große von Berliner Metallarbeitern gegenübergestellt werden, deren körperliche Überlegenheit bereits genügend gewürdigt wurde. So will mir scheinen, daß hier eine Parallele zwischen der Militärtauglichkeit beider Generationen eher gezogen werden kann, zumal wenn nur das in Tabelle 21 zusammengestellte Material, also auch für die erste Generation lediglich gewerbliche Arbeiter aller Art, mit den Tapezierern, Buchdruckern und Metallarbeitern verglichen wird.

Man erhält alsdann folgendes Bild:

Es haben gedient	a) v. d. I. Generat. abs. Z.	%		b) v.d.II.Generat. abs. Z.	%
1. Von den Vätern der Tapezierer .	77	46,4	von den Tapezierern . .	71	28,9
2. „ „ „ „ Metallarb. .	56	39,2	„ „ Metallarb.	72	40,6
3. „ „ „ „ Buchdruck.	157	41,3	„ „ Buchdruckern.	232	43,0
Von den Vätern ad 2 + 3[1])	213	40,7	ad 2 + 3	304	42,4
Von den Vätern der Berl. Arb. zus.	290	42,1	Berl. Arb. zus.	375	38,9

Tabelle 23.

Aushebungsergebnisse in Deutschland von 1873 bis 1901.
Von 100 endgültig Beurteilten sind:

Periode	brauchbar		unbrauchbar[4])	Jährl. Ersatzbedarf (rund)
	zum aktiven Dienst[2])	zur Ersatzreserve[3]) und Landsturm		
1873—75	44,2	39,3	16,4	150 000
1876—79	40,2	34,3	25,5	150 000
1880—82	40,7	38,5	20,9	160 000
1883—85	42,0	40,6	17,5	160 000
1886—89	44,3	43,3	12,5	185 000
1890—92	47,0	46,2	6,7	202 000
1893—95	55,7	37,3	6,9	269 000
1896—98	53,4	38,4	8,0	268 000
1899—1901	54,7	37,0	8,1	279 000

Welche Schlußfolgerungen drängen sich uns aus diesen Zahlen auf? Bevor wir zur Beantwortung dieser Frage schreiten, müssen wir

[1]) Den Gesamtdurchschnitt beider Berliner Generationen werden wir schwerlich vergleichen können, da das ungünstige Resultat der tauglichen Tapezierer den Prozentsatz der Gedienten für die ganze zweite Generation wesentlich herabdrückt und das einigermaßen vergleichbare Bild trüben würde. Nur die Summe der Berufe ad 2 und 3 ist daher für beide Generationen von Wert.

[2]) Unter den endgültig abgefertigten Tauglichen sind sowohl die Ausgehobenen wie die freiwillig Eingetretenen zu verstehen.

[3]) Künftig tauglich + minder tauglich.

[4]) Der an 100% fehlende Rest ist „unwürdig“ befunden.

uns den jährlichen Ersatzbedarf der letzten Jahrzehnte vergegenwärtigen und die zum aktiven Dienst brauchbaren in den entsprechenden Perioden damit vergleichen.

Ich benutze hierzu eine von Prof. Kruse[1]) bis 1895 aufgestellte Tabelle, die ich bis 1901 weitergeführt habe. Tabelle 23 zeigt bis 1895 ein stetes Steigen der zum aktiven Dienst Brauchbaren, dann ein Fallen bis 1898 und von neuem ein langsames Ansteigen. Würde man eine Kurve konstruieren, welchen den Ersatzbedarf in denselben Perioden darstellt, so würde dieselbe einen ähnlichen Verlauf wie eine Tauglichkeitskurve nehmen.

Kruse bemerkt dazu[2]): „Wenn wir die Aushebungsergebnisse der letzen zwanzig Jahre mit der letzten Spalte zusammenhalten, so kann man sich des Eindrucks nicht erwehren, daß die Vergrößerung des Heeres resp. des jährlichen Kontingents nicht unschuldig ist an dem Sinken der Unbrauchbarkeitsziffer, mit anderen Worten, daß allmählich die Ansprüche an die Brauchbarkeit herabgesetzt sind. Notwendig wird dieser Schluß, wenn wir die Kategorien der zum aktiven Dienst eingestellten Rekruten (Spalte 2) betrachten. Es ist nicht wahrscheinlich, daß die 55,7% der dienstpflichtigen Jugend, die 1893—95 eingestellt worden sind, physisch ganz gleichwertig gewesen sind den 40,2%, die 1876—79 aktiv wurden. Daher haben diejenigen recht, die behaupten, daß der durchschnittliche Soldat von heute hinter dem von früher körperlich zurücksteht.

Früher konnte man sich die besten Leute aussuchen, heute bei dem gesteigerten Bedarf an Mannschaften muß man sich teilweise mit weniger auserlesenen Elementen begnügen.“

Soweit ich sehe, bestätigen meine Erhebungen die Kruseschen Behauptungen vollständig. 40,7% resp. — wenn man die Väter der Berliner Tapezierer, zu deren Ausschluß ein Anlaß nicht vorliegt, einrechnet — 42,1% der industriellen ersten Generation waren zum aktiven Dienst brauchbar. Die letztere Zahl deckt sich etwa mit den 1873—79 durchschnittlich zum aktiven Dienst Tauglichen (42,2% vergl. Tabelle 23).

Für die zweite Generation mag von Einrechnung der Tapezierer der oben angeführten Gründe wegen Abstand genommen werden. Jedoch sollte man nunmehr glauben, daß entsprechend dem stets steigenden Ersatzbedarf sich bei der zweiten Generation die Zahl der

---

1) Vergl. W. Kruse, Physische Degeneration und Wehrfähigkeit bei europäischen Völkern, im Zentralblatt für allgem. Gesundheitspflege, 17. Jahrg., 12. Heft, Bonn 1898.

2) a. a. O. S. 470.

zum aktiven Dienst Verwendbaren bedeutend erhöht.[1]) Dem ist nun nicht so.

Die Quote der gedienten Metallarbeiter und Buchdrucker erhebt sich noch nicht einmal um 2°/o über die der Väter, was m. E. ein recht ungünstiges Resultat darstellt, müßte doch die physische Qualität der Metallarbeiter sicherlich im allgemeinen derjenigen der Väter überlegen sein, die der Buchdrucker der ihrer Väter mindestens gleichkommen!

Nach dem bisher gegebenen Material erscheint eine Erklärung nicht schwer. Die erste Generation, zwar auch gewerbliche Arbeiter, stammt überwiegend vom Lande, die Söhne derselben sind zum größten Teil Mittel- und Großstädter, ja über 50 bis 60°/o sind bereits vor Eintritt in die Erwerbstätigkeit in der Großstadt zu finden, wie die Tabellen 11b und 12b zeigten.

Unsere Tauglichkeitsziffern der zweiten, heute im Mannesalter stehenden Generation — 40,6°/o, 43,0°/o, im Durchschnitt 42,4°/o — reichen auch nicht an die Zahl der durchschnittlich in den letzten achtzehn Jahren (1883—1901) brauchbaren Militärpflichtigen heran (49,5°/o), wie Tabelle 23 erkennen läßt. Ferner ist die Quote aber auch im Verhältnis zu dem stets gesteigerten jährlichen Ersatzbedarf zu niedrig, durch den, wie auch Kruse vermutet, die qualitativen Ansprüche an die Körperkonstitution wohl schon herabgeschraubt worden sind. Natürlich werden auch die heute zur Vorstellung gelangenden Militärpflichtigen noch gründlich gesiebt, immerhin will mir scheinen, daß die Sieblöcher mit Rücksicht auf die tatsächlichen Verhältnisse etwas erweitert worden sind.

Mein statistisches Material ist im vorliegenden Falle nur für Berliner Verhältnisse verwertbar. Weitere interlokale Erhebungen privater oder staatlicherseits werden hoffentlich den meinigen bald folgen. Betrachtet man aber an Hand meiner Ziffern die Folgeerscheinungen der städtischen Agglomeration in ihrer Beziehung zur Militärtauglichkeit, so wird man sich leider des Gedankens nicht erwehren können, daß beide Generationen qualitativ ungleichwertig, daß die Söhne weniger tauglich sind als ihre Väter.

---

[1]) Diese Annahme ist um so berechtigter, als, wie bereits hervorgehoben, unter den 43,4°/o Handwerkern der ersten Generation der Beruf der Schuhmacher und Schneider sehr zahlreich vertreten ist, die geringe Militärtauglichkeit der Angehörigen dieser Handwerke aber durch die Schweizer Statistik (vergl. Tabelle 22 unten) und die Bindewaldsche*) Arbeit zur Genüge bewiesen ist und der Gesamtdurchschnitt der Tauglichkeitsverhältnisse der Väter der Erfragten sowieso durch dies Moment nicht eben günstig beeinflußt wurde.

*) Vergl. Bindewald, Die Wehrfähigkeit der ländlichen und städtischen Bevölkerung im Schmollers Jahrb. XXV, 1901: die Tauglichkeit der Schneider und Schuhmacher betrug für die städtischen Bezirke 40,6°/o, für die ländlichen Bezirke 50,2°/o; die entsprechenden Zahlen für andere Handwerke sind 55,3 resp. 56,3°/o.

VII. Die Wehrfähigkeit zweier Generationen während eines Zeitraumes von etwa 40 Jahren.

Die Tabellen 24 und 25 stellen den Versuch dar, die Wehrfähigkeit der beiden Generationen für einen längeren Zeitabschnitt zur Anschauung zu bringen.

1. Bei der Berechnung der Tauglichkeitsverhältnisse der Väter der Arbeiter nach Altersklassen der letzteren wurde das ganze vorhandene Material verwertet. Es wurde angenommen, daß das Heiratsalter etwa 26 Jahre beträgt, mit 27 Jahren der Vater das erste Kind besitzt, und die Erhebungen mit Ende des Jahres 1902 ihren Abschluß gefunden hätten. Da das Alter der Erfragten selbst bekannt war, konnte unschwer die ungefähre Dienstzeit der ersten Generation berechnet werden. Auf große Genauigkeit können freilich vorliegende Zahlen keinen Anspruch erheben, mußte doch zu alledem noch angenommen werden, daß die Erfragten selbst Erstgeborene sind, eine Annahme, die selbstredend in vielen der Zahl nach nicht feststellbaren Fällen verfehlt sein wird. Immerhin mögen Fehler letztgenannter Art bisweilen dadurch ausgeglichen worden sein, daß in der Arbeiterbevölkerung nicht selten früher als mit dem 26. Jahre zur Ehe geschritten wird.

Tabelle 24.

Die Wehrfähigkeit der Väter der Arbeiter nach Altersklassen der Söhne in %. Erste Generation.

Altersklasse der Arbeiter (der zweiten Generation)	19—24 Jahre	25—29 Jahre	30—39 Jahre	40 und mehr Jahre
Ungefähre Periode der Dienstzeit der Väter: etwa zwischen	1871—76/77	1866—70/71	1855—65/66	1835—54/55
Es haben gedient	%	%	%	%
in Nordwestdeutschland	37,7	42,9	42,9	37,1
in Sachsen	39,6	47,0	36,3	41,2
in Mitteldeutschland	*38,6*	*45,1*	*39,3*	*39,1*
Berlin zusammen[1])	49,5	45,4	48,0	45,2
Norddeutschland zusammen	*41,5*	*45,2*	*44,2*	*42,6*

Soweit ich sehe, will mir die aufgewandte Mühe nicht nutzlos erscheinen. Die gesteigerten Ansprüche an die Wehrkraft der deutschen Nation während der Kriege 1864, 1866 und 1870/71 sind aus Tabelle 24 fast überall erkennbar. — Namentlich die aus größerem absoluten Zahlen-

[1]) Die absoluten Zahlen für die einzelnen Berliner Gruppen sind zu klein, um auch nur annähernd richtige Ergebnisse zu zeitigen.

material hervorgegangenen Resultate für Norddeutschland zusammen zeigen deutlich: bis 1871 steigt die Tauglichkeitskurve beständig, um nach den Kriegen noch um 0,6% unter den Punkt zu sinken, den wir für die Väter aller Berliner Industriearbeiter gefunden haben (42,1%). Zur Lösung der Frage, warum die Kurve für Berlin wesentlich anders verläuft, fehlen uns positive Kenntnisse; möglich ist, daß hier unübersehbare lokale und provinzielle Momente mitwirken, nicht ausgeschlossen erscheint es auch, daß die nach Altersklassen der Söhne festgestellte Dienstperiode nicht hinreichend den tatsächlichen Zeitabschnitten entspricht.

2. Für die zweite Generation mußte die erste Altersklasse (19 bis 24 Jahre) ausgeschieden werden, da bei der weitgrößten Zahl der in diesen Jahren stehenden Erfragten noch nicht entschieden war, ob sie der Militärpflicht Genüge leisten könnten oder als untauglich ausgeschieden werden müssen.

Wir sehen, die Tauglichkeitskurve für Mitteldeutschland verläuft steigend. Einer weiteren Begründung für diese Erscheinung bedarf es kaum, nachdem bereits festgestellt wurde, daß der jährliche Ersatzbedarf in Deutschland sich von ca. 150000 Mann im Jahre 1875 auf 269000 Mann im Jahre 1895 erhöht hat. Die Kurve für Norddeutschland zusammen, durch die Berliner Resultate beeinflußt, bleibt etwa konstant.

Tabelle 25.

Die Wehrfähigkeit der Arbeiter selbst nach Altersklassen derselben in %. Zweite Generation.

Altersklasse der Arbeiter	25—29 Jahre	30—39 Jahre	40 und mehr Jahre
Ungefähre Dienstzeit derselben etwa zwischen	1892—96/97	1882—91/92	1862—81/82
Es haben gedient	%	%	%
in Nordwestdeutschland	40,6	30,2	22,9
in Sachsen	30,5	33,6	22,1
in Mitteldeutschland	*35,2*	*32,0*	*22,5*
Berlin zusammen	40,7	43,0	33,2
Norddeutschland zusammen	38,1	38,2	28,7

Betrachtet man jedoch in Tabelle 25 die einzelnen Gebietsteile, so findet man etwa für die Jahre 1892—97 zwei divergierende Resultate. In dem agrarischen Nordwestdeutschland — vorwiegend Rekrutierungsbezirk des IX. Armeekorps — steigen die Tauglichkeitsverhältnisse stark, dagegen im Gebiet des III. Armeekorps Brandenburg, wozu Berlin gehört, sinken dieselben um 2,3%, in dem industriereichsten Aushebungsbezirk Sachsen sogar um 3,1% für diesen Zeitabschnitt.

Bereits Sering[1]) hat darauf hingewiesen, daß die Tauglichkeitsziffern des III., VI. und XII. (sächsischen) Korps recht ungünstig sind und stets hinter dem Reichsdurchschnitt zurückstehen. Seit 1893 sind besonders die Berliner Zahlen rapid gesunken: von 45,4 auf 39,2 dann auf 36,4 bis 34,2 — erst im Jahre 1899 wird der tiefste Stand mit 31,7 % Tauglichen (Ausgehobenen und Freiwilligen) erreicht.

Vergleichen wir auch unsere drei Rekrutierungsgebiete Nordwestdeutschland, Sachsen, Brandenburg-Berlin, wobei bemerkt sei, daß die Erfragten ja vorwiegend zum IX., XII. und III. Armeekorpsbezirk gehören, so erhalten wir folgende Zahlen:

Von je 100 endgültig Abgefertigten[2]) waren tauglich:

	In Schleswig-Holstein IX. Armeekorps	im Königreich Sachsen XII. Armeekorps	in Brandenburg-Berlin III. Armeekorps	Deutsches Reich
1894	56,16	51,49	52,87	56,21
1895	55,47	52,27	51,67	54,05
1896	56,09	50,47	49,02	53,90
1897	55,61	49,19	47,64	53,40
1898	57,10	46,30	46,90	52,70

Die Tabelle bedarf keiner weiteren Erläuterung; Sachsen sowie Brandenburg mit Berlin bleiben Jahr für Jahr bedeutend hinter Schleswig-Holstein und dem Reichsdurchschnitt zurück; auch in unseren Zahlen scheint sich die verschiedene Brauchbarkeit des aus den drei Gebietsteilen stammenden Rekrutenmaterials entsprechend wiederzuspiegeln; daß nun die Tauglichkeitsziffern der eben angeführten Jahre 1894—98 auf die Gestaltung unserer Tauglichkeitskurve von Einfluß gewesen, ist nicht exakt zu beweisen, immerhin entsprechen diese Jahre zum überwiegenden Teile der letzten angeführten Altersklasse unserer zweiten Generation. Die Tauglichkeitsverhältnisse beider Generationen in diesem Zusammenhange einem Vergleich zu unterwerfen, dürfte m. E. nicht angängig sein; die Homogenität des sozialen Milieus scheint mir zur Prägung eines geschlossenen den Tatsachen entsprechenden Bildes doch nicht hinreichend groß genug, sind doch auch Zufälle bei dem nicht eben großen Material keineswegs ausgeschlossen, und die Dienstzeit der ersten Generation ist, wie betont, nicht genau feststellbar.

[1]) Vergl. Die Bedeutung der landwirtschaftlichen Bevölkerung für die Wehrkraft des Deutschen Reiches, S. 4 und 5 sowie Anlage IV Tabelle II und IVb S. 90 und 93.

[2]) Vergl. Statist. Jahrbuch des Deutschen Reiches, 1895—99; die entsprechenden Verhältniszahlen für 1892 und 1893 sind nicht veröffentlicht worden.

VIII. Die Vorzüge der ländlichen Lebensweise für Industriearbeiter.

Eingangs hatte ich bereits an Hand der württembergischen Erhebungen nachzuweisen versucht, daß wesentliche Unterschiede in der Militärtauglichkeit der städtischen Berufstätigen gegenüber derjenigen ländlicher Arbeiter fortfallen, sobald die Industrie nicht in Großstädten konzentriert, sondern mehr auf das platte Land, auf Land- und Kleinstädte hinausgeschoben ist, wo der gewerbliche Arbeiter zumeist an den Vorteilen der ländlichen Lebensweise — oft auch an der Landarbeit

Tabelle 26.
Die Ergebnisse der ärztlichen Rekrutenuntersuchung in der Schweiz von 1884—91 nach Bezirken des letzten Primarschulbesuches.[1])

Kanton	Vorwiegende berufliche Tätigkeit	Diensttauglichkeit. Von je 100 waren tauglich	Bemerkungen
Zürich	überwiegend gewerblich	61	7 Bezirke gewerblich 2 „ gemischt 2 „ landwirtschaftlich
Bern	überwiegend gemischt	65	16 Bezirke gemischt 9 „ gewerblich 5 „ landwirtschaftlich
Uri	gemischt	63	nur ein Bezirk
Schwyz	überwiegend gemischt	57	4 Bezirke gemischt 2 „ gewerblich
Unterwalden ob d. W.	gemischt	73	nur ein Bezirk
Unterwalden n. d. W.	gemischt	80	dito
Glarus	gewerblich	63	dito
Zug	gewerblich	68	dito
Freiburg	überwiegend landwirtsch.	55	4 Bezirke landwirtschaftlich 3 „ gemischt
Solothurn	überwiegend gemischt	62	6 Bezirke gemischt 4 „ gewerblich
Basel Stadt	gewerblich	59	beide Bezirke gewerblich
Basel Land	gewerblich	63	alle 4 Bezirke gewerblich
Appenzell Außer Rhoden	gewerblich	53	alle 3 Bezirke gewerblich
Appenzell Inner Rhoden	gewerblich	54	nur ein Bezirk
Graubünden	überwiegend landwirtsch.	61	9 Bezirke landwirtschaftlich 1 Bezirk gewerblich 4 Bezirke gemischt
Wallis	landwirtschaftlich	64	12 Bezirke landwirtschaftlich 1 Bezirk gemischt
Neuenburg	gewerblich	67	alle 6 Bezirke gewerblich
Schweiz		63	

[1]) Vergl. Schweizer Statistik 96. Lieferung S. 32—38. Daselbst sind die reziproken Werte: von je 100 endgiltig Beurteilten waren bleibend untauglich angegeben.

selbst — teilnehmen kann, wo die Vorbedingungen zur gesunden Entwicklung des Körpers gegeben sind. Wie vorzüglich die ländliche Umgebung geeignet ist, die wenig günstigen Wirkungen der Industriearbeit in geschlossenen Räumen zu nivellieren, führen uns wiederum Schweizer Tabellen vor Augen, welche die Ergebnisse der ärztlichen Rekrutenuntersuchungen von 1884—91, nach Bezirken des letzten Primarschulbesuches, veranschaulichen.

Aus Tabelle 26 ist zu ersehen, daß landwirtschaftliche Kantone, z. B. Kanton Wallis oder Graubünden, nicht mehr Taugliche aufzuweisen haben, wie die rein gewerblichen Bezirke Zug, Neuenburg, Glarus. In den beiden gewerblichen Kantonen Basel zeigt sich, daß von je 100 Untersuchten in dem Stadtbezirk 59, in dem Landbezirk dagegen 63 tauglich waren. Nicht an den Beruf, sondern vor allem an die Herkunft und die damit eng verbundene Lebensweise scheinen sich hier die Tauglichkeitsziffern der Gestellungspflichtigen zu heften.

Tabelle 27.

Die Sterblichkeit landwirtschaftlicher und gewerblicher Bevölkerungsgruppen in der Schweiz[1]) (1879—1890).

Jährliche Durchschnittszahl der Sterbefälle auf je 10000 Lebende einer Berufsart und Altersgruppe.

Altersklassen	20—29	30—39	40—49	50—59 Jahre
Gestorbene Männer im ganzen	75	103	155	261
Forstwirtschaft	46	79	126	199
Land- und Milchwirtschaft	55	76	120	215
Stickerei	61	*62*	*122*	207
Spinnerei, Weberei u. dergl.	72	*72*	*122*	241
Hammer-, Huf- u. Zeugschmiede[2])	74	113	178	350
Eisengießerei und Maschinenbau	82	95	141	246
Schlosser	126	182	262	482

Der Sitz der Industrie ist hier eben nicht die Großstadt[3]) — die Schweiz kannte keine großstädtischen Industriezentren, wie sie sich in

[1]) Schweizerische Statistik 137. Lieferung S. 74* entnommen aus Herkner, Die Sterblichkeit landwirtschaftlicher und gewerblicher Bevölkerungsgruppen in der Schweiz in Conrads Jahrb. III. Folge 27. Bd. I. Heft S. 51 ff.

[2]) Einige andere der 31 angeführten Berufe sind deshalb hier zum Vergleich beigefügt, weil sie für uns besonderes Interesse haben.

[3]) In den achtziger Jahren besaß die Schweiz keine Großstadt.

1890 hatte Basel (Stadt)	erst 69809,	Zürich mit Vorstädten	122498,	Bern 46009 Einwohner.
1900 „ „ „	„ 109810,	„ „ „	150726,	„ 65326 „

Sachsen zahlreich finden, wie sie die Residenzstadt Berlin, auch die Handelsmetropole Hamburg neben anderen norddeutschen Gebieten lange schon verkörpern, sie besitzt deren auch heute noch zum Glück für die Nation wenige. Wie vorteilhaft die Landarbeit selbst auf gewerbliche Arbeiter einwirkt, wurde wiederholt hervorgehoben; es erhellt von neuem aus dem Vergleich der Sterblichkeit landwirtschaftlicher und gewerblicher Bevölkerungsgruppen in der Schweiz.

Herkner[1]) bemerkt zu den Zahlen der Tabelle 27: Zwar wird es niemanden überraschen, daß die Angehörigen der Forstwirtschaft, des Gartenbaues, der Land- und Milchwirtschaft in der Altersklasse 20 bis 29 Jahre der geringsten Sterblichkeit unterliegen. Aber schon in der nächsten Altersklasse ändert sich das Bild in befremdender Weise. Die Sticker, also Leute, welche der Mehrzahl nach einer hygienisch und sozial durchaus nicht immer günstig beurteilten Hausindustrie angehören, die Vertreter der übrigen Textilindustrie usw. stehen günstiger da als die Landwirte. Und ähnlich ist auch die Reihenfolge in den folgenden Altersgruppen. Während eine beträchtliche Zahl von Stickern, welche für die Sterblichkeitsstatistik in Betracht kommen, vorher einen anderen Beruf, hauptsächlich Landwirtschaft, ausgeübt hatten — erst im Laufe der siebziger Jahre ist in der Stickereiindustrie ein Aufschwung[2]) zu verzeichnen —, ist es auch eine körperlich auserlesene Arbeitergruppe. Die Anstrengung, welche die Trittbewegungen erfordert, ist ganz erheblich. Ferner war dank der glänzenden Jahre die Lebenshaltung der Sticker sehr gut, der Verdienst bis 10 Frcs. am Tage. „Der beste Wein in den Landwirtshäusern hieß damals Stickerwein."

„Im Sommer beschäftigen sich die Sticker — da die Arbeit doch mehr oder weniger Saisonindustrie — in erheblichem Umfange mit landwirtschaftlichen Arbeiten. Konnten bei den Stickern, heißt es weiter, triftige Gründe dafür vorgebracht werden, daß die Statistik ihren Beruf weit gesunder erscheinen läßt, als es in Wirklichkeit der Fall ist, so kann für die übrigen Angehörigen der Textilindustrie die gleiche Behauptung nicht aufgestellt werden. So stellen z. B. die Arbeiter der Baumwollspinnerei durchaus keine körperliche Auslese dar, weit eher das Gegenteil." — Bei Erörterung der fabrikmäßgen Textilindustrie sagt Herkner aber dann: „Vorteilhaft ist ferner der Umstand, daß die Textilindustrie vorzugsweise auf dem Lande betrieben wird, also die üblen Einflüsse der Zusammendrängung der Arbeiter in Fabrik-

[1]) Vergl. Conrads Jahrbuch, III. Folge, 27. Band, Heft 1, S. 51 und ff.

[2]) 1874 waren ca. 6000, 1880 etwa 14700 Stickmaschinen im Gebrauch.

städten hier wegfallen." Und: „Bei den Angehörigen der hausindustriellen Textilgewerbe findet ähnlich wie bei den Stickern, im Sommer vielfach ländliche Arbeit im Freien statt. Da die kleinbäuerlichen Familien durch textilindustrielle Nebenbeschäftigung ihre Einkommensverhältnisse erheblich verbessern, so kann bei ihnen die Lebenshaltung zuweilen günstiger als bei der ausschließlich in der Landwirtschaft tätigen Bevölkerung gestaltet werden."[1])

IX. Ergebnis der Untersuchungen.

Folgerungen. Ausblick.

O selig!
Zu öffnen die Tore der Stadt,
Genesende Geschwister
Zu führen an den Händen
Zur mutterglücklichen Natur,
Die mit heißem Sonnenmunde
Die bleichen Kinder küßt!

Aus Bruno Wille: Die leidende Stadt.

Wollen wir, zurückblickend, das Ergebnis der Arbeit kurz zusammenfassen, so wird sich etwa folgendes darüber sagen lassen:

Durch die Erhebungen dürfte bewiesen sein, daß, unabhängig vom Beruf, die relative Tauglichkeit der landgeborenen Bevölkerung überall die der Großstädter übertrifft. Abstufungen des Tauglichkeitsgrades bei den Stadtgeborenen von stark differierenden Ortsgrößen sind im allgemeinen auch noch deutlich erkennbar.

Bei industriellen Erwerbstätigen ist gleichfalls die beachtenswerte Tatsache festzustellen, daß die Militärtauglichkeit der Land- und Kleinstadtgeborenen beträchtlich größer als die der Mittel- und Großstadtgebürtigten ist. — Die primäre Bedeutung des Geburts- und Aufenthaltsortes gegenüber dem Beruf der Gestellungspflichtigen tritt augenscheinlich zutage.

Durch Feststellung des Geburtsorts der abgefertigten Militärpflichtigen ist nun auch für das Jahr 1902 (und also auch für alle Vorgänger) die bedeutungsvolle Tatsache festgestellt worden, daß die Mehrzahl der

---

[1]) Herkner führt auch noch aus Schuler, Hausindustrie, an: „Übrigens machen sich die hygienischen Mängel in diesem Berufe (Seidenbandweberei) um so weniger geltend, als die Hälfte, vielleicht $^2/_3$ der Bandweber, nebenbei etwas Landwirtschaft betreibt"; und a. a. O.: „doch wird dann — bei schlechtem Geschäftsgange in der Plattstichweberei — öfter Arbeit im Freien, besonders beim Heuen, betrieben und wirkt wohltätig auf das gesamte Befinden." Vergl. S. 57 Anm. 1.

abgefertigten Mannschaften — 61,38% — noch vom platten Lande stammen![1])

Somit dürften es, wenigstens bis zum heutigen Tage, auch in industriellen Gebietsteilen Landgeborene sein, welche, an Haupt und Gliedern gesund, zum Teil sogar eine körperliche, auch geistige Auslese darstellend, zur Stadt ziehen, daselbst zur Vorstellung resp. Aushebung gelangen und die städtischen Tauglichkeitsziffern vorteilhaft beeinflussen.[2])

Damit wäre nun, nach Brentano[3]), bewiesen, daß die industrielle Entwicklung es möglich mache, daß Deutschland auf die Dauer wehrfähig bliebe. — Ohne Zweifel: „Die zunehmende industrielle Entwicklung verstärkt die finanzielle Grundlage der Wehrkraft des Deutschen Reiches. Sie ermöglicht einer sehr viel größeren Anzahl Deutscher, innerhalb des Deutschen Reiches zu leben und vermehrt somit die absolute Zahl seiner — wehrfähigen — Männer."

Soweit ich sehe, wird nur die absolute Zahl der „gestellungspflichtigen" Männer vergrößert, wobei allerdings die Chance steigt, daß auch die absolute Zahl der Wehrfähigen entsprechend zunimmt.

Ob nun die heutigen Generationen, speziell die Großstädter, deren Zahl ja von Jahr zu Jahr erschreckend schnell zunimmt, in der Lage sind, ein früheren Generationen nicht nur quantitativ, sondern auch qualitativ gleichwertiges Rekrutenmaterial aufzubringen, erscheint nach meinen Untersuchungen zum mindesten zweifelhaft.

So vorsichtig auch beim Vergleich beider Generationen vorgegangen wurde — die körperlich wenig gut beanlagten Tapezierer wurden, wie erinnerlich sein dürfte, ausgeschieden —, so konnte doch unter Berücksichtigung der ständigen starken Zunahme der Präsensziffer von Heer und Marine ein entsprechendes Plus bei der zweiten Generation nicht festgestellt werden.

---

[1]) Vergl. Sonderabdruck aus dem Archiv des Deutschen Landwirtschaftsrats, XXVIII. Jahrg., S. 286.

[2]) In Sachsen z. B. weist die erste Generation, nach unserer Tabelle 17a, etwa 6%, in den anderen untersuchten Gegenden 4—5% landwirtschaftlich Erwerbstätige auf, deren Söhne wir in der Stadt als Industriearbeiter wiederfinden; Söhne einer vorwiegend vom Lande stammenden, Handel treibenden Bevölkerung, durchschnittlich 8,7%, sehen wir ebenfalls in der Stadt einem gewerblichen Beruf nachgehen.

[3]) „Nehmen wir aber an, jene Behauptung (daß nämlich die Landbevölkerung auch die Mehrzahl der aus den überwiegend Industrie und Handel treibenden Gegend stammenden Rekruten liefere) sei bewiesen, so wäre damit für die Hauptfrage eher das Gegenteil des Behaupteten dargetan. Denn man behalte im Auge, welches die Frage ist, die es zu prüfen gilt. Man hat behauptet, die industrielle Entwickelung mache es unmöglich, daß Deutschland auf die Dauer wehrfähig bleibe." Vergl. S. XI.

Hier mag heute unsererseits ein „non liquet“ am Platze sein. Sind aber die nachteiligen Wirkungen des Stadtlebens, vor allem der ständige Aufenthalt in der Großstadt, für die Wehrkraft unserer Industriebevölkerung in der Tat erkannt und bereits zahlenmäßig erfaßbar, dann werden Staat und Gemeinde versuchen müssen, dem anscheinend unaufhaltsamen Zuzug in die Stadtmauern Einhalt zu tun. Es gilt das nationale Problem zu lösen:

Wie kann die Industrie und mit ihr ein bedeutender Teil des in dieser seinen Erwerb findenden deutschen Volkes wieder auf das platte Land hinausgeschoben werden, wo auch der gewerbliche Arbeiter mit der Natur in engsten Beziehungen verbleiben und wenigstens einige Tagesstunden außerhalb des Bannkreises städtischer Mietskasernen und Fabrikschornsteine verbringen kann?

Gegen die konkurrenzlose Vorherrschaft der Hausindustrie in Großstadt und Gebirge schlägt Alfred Weber[1]) ein großes wirtschaftliches Mittel vor, nämlich — außer Bahnbau in jedes Gebirgstal — „Kleinbahnbau aus jedem Ausgang der Großstadt hinaus!“ „In den Vororten, die sich daraus entwickeln, haben wir Platz für Fabrik- und Werkstättenentwicklung in Menge!“

Warum aber Vororte der Großstädte, deren Milieu bei zunehmender Expansion der Mutterstadt zumeist die Tendenz zeigen wird, sich in der Richtung der nachteiligen großstädtischen Wohn- und Lebensweise hin zu verändern?

Hat doch erst jüngst Dr. Schott in seinen Abhandlungen über „das Wachstum der deutschen Großstädte“[2]) die Großstadtbevölkerung im 10 Kilometerumkreis in den einzelnen Kilometerkreisringen untersucht und nachgewiesen, daß bereits die 5 km-Agglomeration den vorläufigen Maximalumfang für die heutige Großstadt im allgemeinen darstellt.[3])

Und weiter: „In 25 untersuchten Großstädten zusammen ergab sich vom Zentrum bis zum 8—9-Kilometerring, wenn man von der abnormen Zusammensetzung der Agglomeration Essen absieht, eine fortgesetzte Verminderung der Bevölkerungsdichtigkeit, wie ja auch zu erwarten stand.

---

[1]) Vergl. Alfred Weber, Die volkswirtschaftliche Aufgabe der Hausindustrie in Schmollers Jahrbüchern, 25. Jahrgang, 2. Heft, S. 23.

[2]) Vergl. Dr. S. Schott, Das Wachstum deutscher Großstädte seit 1871, im 11. und 12. Jahrgang des Statistischen Jahrbuchs deutscher Städte, S. 129 u. ff. bezw. S. 18 u. ff. sowie auch die als Anlage zum Protokoll der XVI. in Altona abgehaltenen Konferenz der Vorstände der statistischen Ämter deutscher Städte abgedruckte Arbeit.

[3]) Vergl. 12. Jahrg. d. Stat. Jahrb. deutscher Städte, S. 20.

Der letzte 9—10 Kilometerring aber, sagt Schott, zeigt „ein beträchtliches Wiederanschwellen und übertrifft tatsächlich in der Mehrzahl der Städte seinen Vorgänger an relativer Stärke der Besiedelung.

Bei einer ganzen Reihe von Städten, z. B. Hamburg-Altona, Frankfurt, Mannheim, Stuttgart, Magdeburg usw., treten in diesem Ring nämlich bereits wieder kleinere Städte, verhältnismäßig selbständige Wirtschaftszentren niedrigerer Ordnung, auf."[1])

Essen z. B. ruft heute schon seinem Nachbar der innerhalb der Essener Agglomeration entstandenen jungen Großstadt Gelsenkirchen hinüber: „Störe mir meine Kreise nicht!", von bereits ineinander verwachsenen Groß- und Mittelstädten — Elberfeld-Barmen, Hamburg-Altona usw. — ganz abgesehen.

Quousque tandem! und die übrig gebliebenen „Vororte", die Lieblings- und Sorgenkinder der mutterstolzen modernen Großstädte, haben aufgehört als solche zu existieren und sind ebenfalls „dem Aufsaugungsprozeß durch das großstädtische Zentrum" anheimgefallen. Die heutige Großstadt hat einen weiten Magen!

Bauen wir also Landorte, in respektvoller Entfernung der Großstadtagglomeration gelegen, zu ländlichen Industrieorten aus, erschließen wir jedwedes günstige Gelände durch Angliederung an unser Eisenbahnnetz!

Und nicht nur die Hausindustrie, sondern möglichst alle gewerblichen Großbetriebe müssen allmählich aus dem Weichbilde der Stadt verschwinden! — Nicht als ob der Arbeiter im Kleinbetrieb und Handwerk weniger der reinen Landluft bedarf!

Aber beide können nicht so leicht aus der Umgebung, aus deren Bedürfnis heraus sie erstanden und mit der sie im Laufe der Zeit verwachsen sind, losgelöst werden, sie sind zudem meist kapitalarm, ohne weitreichende geschäftliche Verbindungen.

Lokale Wandlungen des Standortes, Umpflanzung in entferntere noch vom Verkehr weniger durchsetzte Gegenden dürfte deshalb für diese Betriebsklassen Existenzgefährdung bedeuten.

Diese Momente fallen bei größeren kapitalkräftigen Betrieben zumeist fort. Der Großbetrieb kann eher die Verpflanzung der Fabrikation aufs Land vertragen. Er bahnt dadurch am leichtesten eine segensreiche Verschmelzung von Stadt und Land an. Bedeutsame Ansätze in dieser Richtung sind unverkennbar: die Borsigwerke sind von Berlin nach Tegel verlegt worden; die Schwartzkopfsche Maschinen-

[1]) Vergl. Statist. Jahrb. deutscher Städte, 12. Jahrg., S. 27.

fabrik befindet sich heute in Wildau bei Königswusterhausen; die Märkische Lokomotivfabrik ließ sich gleich zwischen Wald und Feld nieder und befindet sich jetzt in dem jung erstandenen Industrieorte Drewitz bei Potsdam, um nur einige Beispiele herauszugreifen.

In Süddeutschland liegen die Verhältnisse zum Teil wesentlich günstiger, vor allem wohl durch die geringere Zahl der Großstädte und die vorwiegend typische Dezentralisation der Industrie.[1])

Staat und Gemeinde müßten den Abfluß aus der Stadt nachdrücklichst unterstützen, denn, wie Conrad[2]) mit Recht betont, „je mehr die Fabriken sich auf das Land ziehen, um so leichter wird es sich durchführen lassen, daß die Arbeiter ein Stückchen Land erwerben, und das wird als ein wesentlicher Fortschritt anzusehen sein. Es tritt das weitere Moment hinzu, daß durch den Besitz von Grund und Boden dann die Arbeiter von selbst Verständnis für die Bedeutung des Privateigentums, Anhänglichkeit an die Scholle gewinnen, von sozialistischen Utopien zurückkommen und eine gesunde Lebensauffassung und Beurteilung des Staatswesens erlangen werden." Baupolizei[3]), Gewerbeinspektion und

[1]) „Charakteristisch für die badische Industrie", sagt Hecht (Die Badische Landwirtschaft am Anfang des XX. Jahrhunderts, S. 143 und 146) „ist deren Dezentralisation und das Wohnen der Arbeiter auf dem Lande. Solche industrielle Menschenanhäufungen auf einem kleinen Raum, wie sie einzelne Großstädte aufweisen, finden sich in Baden nicht; die Stadt Mannheim zählt nur 450, Karlsruhe 270 gewerbliche Betriebe; der weitaus größte Teil der darin beschäftigten Personen wohnt aber nicht in der Stadt, sondern in den umliegenden Ortschaften . . ." „Nach einer von uns vorgenommenen Schätzung gelangen wir zu der Annahme, daß von den im Jahre 1900 ermittelten 200000 Fabrikarbeitern etwa $^2/_3$ auf dem Lande wohnen. In Württemberg sind, darüber hat uns bereits Tabelle 3a und b belehrt, außer Stuttgart nur kleinere Städte vorhanden, wodurch großstädtische Agglomerationen und ihre Folgeerscheinungen noch so gut wie unbekannt sind.

[2]) Vergl. Conrad, Grundriß der polit. Ökonomie, II. Teil, S. 62.

[3]) z. B. beginnt § 105 der Bauordnung für die Hauptstadt Mannheim: „Gewerbliche Anlagen oder Teile derselben, von deren Betrieb gesundheitliche Nachteile zu erwarten sind, dürfen in Wohngebäuden nur eingerichtet werden, wenn sie von geringem Umfang sind."

Zu einem Hamburger Gesetz betr. den Ausschluß von Fabriken und belästigenden Geschäftsbetrieben wurde in der dritten Sitzung der Hamburger Bürgerschaft (am 18. Januar 1905) folgender weiterer Antrag gestellt und angenommen: „Die Bürgerschaft wolle beschließen und den Senat um seine Mitgenehmigung ersuchen:

1. daß für diejenigen Bezirke, in denen durch den Bebauungsplan die Errichtung von Fabriken und die Nachbarschaft belästigenden Geschäftsbetrieben verboten ist, das diesem Beschlusse beigefügte Verzeichnis solcher belästigenden Geschäftsbetriebe, welche in den genannten Bezirken oder einzelnen Teilen dieser Bezirke ausgeschlossen sind, mit der Maßgabe gesetzlich festgestellt werde, daß die für die Errichtung neuer Geschäftsbetriebe der fraglichen Art geltenden Grundsätze auch für den Fall der Erweiterung oder Umgestaltung **bestehender** Betriebe zur Anwendung zu bringen seien, sofern die begründete

Medizinalbehörde haben vor allem nicht selten die Macht in Händen, hygienisch Bedenken Anlaß gebende Anlagen oder jedwede belästigende Werkstätten aus der Stadt zu verbannen und aufs Land zu verweisen. Die Wehrkraft unseres nun einmal überwiegend industriellen Vaterlandes wird durch jene Maßnahmen, die darauf abzielen, die Lebensbedingungen eines großen Teiles der gewerblichen Bevölkerung günstiger zu gestalten, nur gestärkt und gehoben werden.[4])

Staat und Gemeinde mögen sich also der Worte Tolstois entsinnen:

„Eine der ersten Bedingungen zum Glücke ist ein Leben, in welchem die Beziehungen des Menschen zur Natur aufrecht erhalten bleiben, d. i. ein Leben unter freiem Himmel, bei Sonnenlicht und frischer Luft, Gemeinschaft mit der Erde, mit Pflanzen und Tieren. — Betrachtet nun das Leben der Menschen, die nach der Lehre der Welt leben: Viele von ihnen erreichen das Greisenalter, ohne mehr als ein- oder zweimal im Leben den Sonnenaufgang und Morgen und ohne je die Wiesen und Wälder anders gesehen zu haben, als von der Kalesche oder vom Waggon aus.“

Annahme besteht, daß dadurch eine erhöhte Belästigung der Umgebung hervorgerufen werden wird.“

Wenn auch vorerst derartige Gesetze vorwiegend im Interesse der städtischen Grundeigentümer und Mieter geschaffen werden, so wirken sie doch gleichzeitig in dem oben angedeuteten Sinne: Hinausdrängung großer gewerblicher Anlagen aus dem großstädtischen Rayon.

4) Auf die bedeutsamen Bestrebungen der Gartenstadtgesellschaft (Vermählung von Stadt und Land) möchte ich an dieser Stelle nur kurz hinweisen.

FSC
www.fsc.org
MIX
Papier | Fördert
gute Waldnutzung
FSC® C083411

Kolibri 360 GmbH
Ferdinand-Jühlke-Straße 7
99095 Erfurt, Deutschland
produktsicherheit@kolibri360.de